A Faint Cold Fear Thrills Through My Veins
William Shakespeare

Zu diesem Buch

Seit gut zwanzig Jahren existiert er: Der deutsche Kriminalroman. Viel zu lange hat es gedauert, die Vormachtstellung der Amerikaner, Briten und Franzosen zu durchbrechen. Aber der Makel Schundliteratur blieb noch lange an den Romanen deutschsprachiger Autoren haften. Hohe Auflagenzahlen garantieren eben nicht die Anerkennung der «seriösen» Literaturkritik. Mittlerweile schreibt sich die vierte Generation deutscher Kriminalautoren warm. Denn der Krimi boomt:

Der Zeitpunkt könnte also nicht günstiger gewählt sein. Die Krimipioniere präsentieren sich in der vorliegenden Anthologie in altbewährter Qualität.

-ky (Jahrgang 1938 – «Zu einem Mord gehören zwei», erschienen 1971) entführt den Leser in das mittlerweile schon allseits vertraute Bramme und schildert unbarmherzig die Verlogenheit der ansässigen Spießbürger und Honoratioren, nachdem sie ein Außenseiter unter Druck gesetzt hat.

Hansjörg Martin (Jahrgang 1920 – «Gefährliche Neugier», erschienen 1965) nimmt den Starkult zum Anlaß, den Star sogleich gewaltsam abtreten zu lassen, und der ermittelnde Kommissar beweist ein großes Maß Menschlichkeit, auch wenn sein Kollege «Kommissar Zufall» heißt.

Michael Molsner (Jahrgang 1939 – «Und dann habe ich geschossen», erschienen 1968) erinnert sich seiner beruflichen Anfänge und beschreibt aus der Sicht eines Gerichtsreporters einen anfangs harmlosen Fall: Was nach einem langweiligen Prozeß «Zechprellerei inkl. Körperverletzung» aussieht, weitet sich mit der Zeit zu einem hochbrisanten, mafiaähnlich organisierten Spekulationsverbrechen aus.

Irene Rodrian (Jahrgang 1937 – «Tod in St. Pauli», erschienen 1967), Grande Dame des Genres, benötigt nur drei Personen, zwei Frauen und einen Mann, um die Abgründe menschlicher Begierden und Wunschträume schonungslos offenzulegen.

Friedhelm Werremeier (Jahrgang 1930 – «Der Richter in Weiß», erschienen 1971) verzichtet diesmal auf seinen Helden Trimmel, aber ein Mordfall und einseitige Verdächtigungen führen zu einem packenden Duell zweier ungleicher Kriminalbeamter.

DIE KRIMIPIONIERE

Kriminalstories von

-ky
Hansjörg Martin
Michael Molsner
Irene Rodrian
Friedhelm Werremeier

rororo
Rowohlt

rororo thriller
Herausgegeben von Bernd Jost

Originalausgabe
Veröffentlicht im Rowohlt Taschenbuch Verlag GmbH,
Reinbek bei Hamburg, Februar 1988
Redaktion Peter M. Hetzel
Umschlagfoto Thomas Henning / Bettina Scheffler
Umschlagtypographie Jürgen Kaffer / Peter Wippermann

Satz Bembo (Linotron 202)
Gesamtherstellung Clausen & Bosse, Leck
Printed in Germany
980-ISBN 3 499 42850 4

Die Krimipioniere

INHALT

-ky

EIN KILLER FÜR BRAMME

«Sie wissen, Herr Catzoa, um was es hier geht?»

«Nein...»

«Um Ihren Kopf, könnte man sagen.»

«Nicht nur um meinen...!»

«Sie scheinen sich sehr stark zu fühlen...»

«Soll ich das als Frage oder als Feststellung werten? Aber wie auch immer: Es impliziert meines Erachtens eine gewisse Vorverurteilung, und deswegen protestiere ich ganz dezidiert dagegen!»

«Oh...!»

«Siehe § 136 (2) Strafprozeßordnung: Die Vernehmung soll dem Beschuldigten Gelegenheit geben, die gegen ihn vorliegenden Verdachtsgründe zu beseitigen und die zu seinen Gunsten sprechenden Tatsachen geltend zu machen.»

«Entschuldigung! Ich gebe zu, daß ich gewisse Schwierigkeiten mit unseren jungen Kommissaren... Seit sie das Abitur haben und Akademiker sind... Aber meinetwegen: Deo volente!»

«Geschenkt, Herr Doktor! Wenn Sie nun meinen, ich übersetze dies mit ‹Ich wünsche ein Deo›, dann...»

«... dann wäre dies ein Zeichen dafür, daß ich Sie in einer an Fahrlässigkeit grenzenden Weise falsch eingeschätzt hätte; nein, ich tue es nicht, wie denn auch nach dieser Eröffnung...?»

«Für mich ist das alles andere als Spiel!»

«Warum nur diese Gereiztheit, lieber Catzoa?»

«Ich bitte Sie: Sie lassen mich hier vorführen, nur weil in einer nicht eben sehr literarischen Arbeit eines zumeist unseriösen Schreiberlings...!»

«Schriftstellers, bitte, wenn nicht gar: Dichters! Ich merke aber, daß Truper Sie zutiefst getroffen hat, denn Ihre Aggressionen...!»

«Nein! ... sind nur die Folgen der Ihrigen.»

«Wie Sie meinen... Aber hätte unser sehr verehrter Rudolf C. Truper statt einer Art Novelle einen ganzen Roman geschafft, so läge es nahe zu sagen, dies sei ein Schlüsselroman.»

«Nun, wie heißt es doch immer: *Die dichterische Freiheit.* Oder, daß Kriminalromane die modernen Märchen dieser Tage seien...»

«Ich weiß: Die geschilderten Ereignisse sind ebenso frei erfunden wie die auftretenden Personen. Jede Ähnlichkeit mit tatsächlichen Begebenheiten oder realen Personen könnte nur auf einem Zufall beruhen.»

«Na also! Wenn das da bei Truper steht, dann...»

«... dann hat das nur wenig zu sagen, ja! Und wenn hier steht *Katzert*, dann heißt das doch in Wahrheit *Catzoa*, und der *Mirko* bei Truper ist der *Mike* aus Ihrem Fall. Die literarische *Mona* die reale *Miriam*. Und so weiter, und so weiter: Jeder Name hier im Buch scheint mir verschlüsselt, und zwar so offensichtlich, daß ich die Leute voll verstehen kann, wenn sie mir in dieser Sache...»

«Merken Sie denn nicht, daß Sie damit voll in Trupers Falle tappen, daß das Ganze doch nur verfaßt worden ist, mich zur Strecke zu bringen und uns zu denunzieren, alle, die gesamte Polizei!?»

«Vielleicht. Durchaus möglich, ja... Aber deswegen sind Sie ja heute hergebeten worden. Jedenfalls kann ich das nicht einfach so zur Seite legen, denn das werden Sie – bei Ihrer Vorbildung! – ja selbst am besten wissen: § 152 Strafprozeßordnung, wonach die Staatsanwaltschaft nun mal verpflichtet ist, wegen aller gesetzlich strafbaren und verfolgbaren Handlungen einzuschreiten, sofern zureichende und tatsächliche Anhaltspunkte vorliegen.»

«Gleichviel: Ich sehe das als einen Rufmord an, begangen an mir!»

«... nicht als Teil einer wohlberechneten Kampagne, sich ein ganz bestimmtes Image zuzulegen...?»

«Majestät überschätzen mich, hätte man früher gesagt.»

«Ich überschätze Sie nicht, Catzoa, und, wie gesagt, ich unterschätze Sie nicht, obwohl ich mir auch dies erlauben könnte, mein Lieber! Wer so kurz vor seiner Pensionierung steht wie ich, der... Aber lassen wir das, kommen wir zum Eigentlichen, zu Trupers Story. Ein schöner Schutzumschlag, nicht wahr, und ein noch schönerer Titel: ‹*... und dann sind Sie erledigt!*›»

«Könnten wir nicht das Ganze, bitte schön, etwas emotionsloser...?»

«Kennen Sie denn Trupers Storybändchen schon?»

«Ja. Gestern morgen hat es auf meinem Schreibtisch gelegen...»

«Na, bestens, dann lassen Sie uns doch mal die wichtigsten Passagen durchgehen und ganz wissenschaftlich-kriminalistisch auf ihren Wahrheitsgehalt hin abklopfen. Auf das Kriterium ihrer inneren Plausibilität, meine ich...»

Eine Vorahnung auf den Nuklearen Winter war es, und die Erde, alles, schien sich langsam aufzulösen in ein bleierngraues Gas, das gesättigt war mit spitzen Schneekristallen. Sie schmerzten, wenn sie auf ihren Gesichtern zerplatzten. Mirko und Mona meinten, sie wären aus giftigen Säuren gefroren. Diese nasse, ätzende Kälte wäre selbst durch die dichtesten Pelze gefahren, und es war von Mirko ein heroischer Wahnsinn, ihr mit nackten Armen zu begegnen, den Gesetzen des Weltalls ebenso höhnisch zu trotzen wie denen der Menschen. Doch niemand und nichts vermochte ihm einen fremden Willen aufzuzwingen. Mona war dagegen in dickes schwarzes Leder gehüllt, soweit es eben ging, sie trug sogar Handschuhe, wenn auch solche mit abgetrennten Fingerspitzen, logo, konnte aber ihren Kopf der Haare wegen auch nicht schützen, denn die – flamingorot und wellensittichgrün gefärbt – trug sie in diesem November wie einen Riesenweihnachtsstern aus federleichter Plastikmasse.

Es war an der Brammermoorer Heerstraße, wo sie standen und auf einen Autofahrer hofften, der sie nach Bremen mitnahm, zur angesagten Punk-Rock-Nacht, doch alle gaben sich Mühe, über sie hinwegzusehen; Folge wohl der immerwährenden Bemühungen einiger Bürgerinitiativen wie der Stadtverwaltung, mit dem *Punkerunwesen* fertig zu werden. Ihre Chancen schienen gleich Null, obwohl H. K., Mirkos weiße Ratte, nicht einmal auf seiner Schulter saß, um ihn als Nerzstola zu wärmen, sondern von Mona in den Käfig verbannt war. Mit Bahn oder Bus nach Bremen zu reisen, verbot sich von selbst, ebenso aus Prinzip wie mangels Masse, und die Überlegung, dann einfach schwarz zu fahren, schien ihnen ihrer hohen Auffälligkeit wegen wenig opportun. Nicht einmal die Öko-Freaks in ihren Enten wollten sie haben, fürchteten wohl, wie Mirko meinte, auf freier Strecke ausgeraubt zu werden. Mona, gefragt, ob sie in dieser Minute nicht doch lieber in der elterlichen Fleischerei stehen und Innereien abpacken würde, schwankte ein wenig, ehe sie's verneinte. Und er selber, ob er nicht doch wieder von seiner warmen Zelle träumte, vom schönen Wohngruppenvollzug in der Plötze, Berlin? Nein, wenn er träumte, dann eher von Australiens Wärme, vom Glück derer, die tief unten im selbstgegrabenen Stollen Opalklumpen fanden; aber er war sich sicher, daß auch dieser Traum nichts taugte und ebenso tödlich enden mußte wie jeder andere auch.

Da jedoch geschah das Unerwartete, und einer jener Oberklassewagen stoppte, wie er im Autohaus Nord kaum unter fünfzigtausend Mark zu haben war, mit zwei Herren auf den Vordersitzen, die sie sofort mit dem Oak-Tree-Club zu Bramme assoziierten, dem OTC, der Vereinigung hiesiger Honoratioren, gegründet zur Pflege menschmenschlicher Kontakte wie zur Aufrechterhaltung des christlich-abendländischen Wirtschafts- und Wertesystems.

Wohin die beiden denn wollten? Nach Bremen. Ja, das ginge, denn man führe noch weiter nord-nordostwärts, nach Bremervörde nämlich, und würde den beiden Punkern gerne beweisen, daß der OTC nicht von jener Geistesart sei, die man seinen Vorstandskräften immer unterstellte. So der Herr am Steuer, der Mirko sehr vertraut vorkam, vertraut aus tausend Fernsehfilmen und Reklamen, amerikanischer Manager gekreuzt mit deutschem Krämer, ein Gesicht wie der Macher in Arthur Hailey's *Hotel*, aber kräftig aufgedunsen vom vielen fetten Essen hierzulande und dem pausenlosen Doppelkorn. Nicht anders, wie denn auch bei der hocheffizienten Normung dieser Menschen, der Nadelstreifenherr vom Beifahrersitz, der sich als ein gewisser Konrad Kleibohm vorstellte und sagte, daß seine Frau, nun ja, Pastorin sei und ihn stets zu mehr tätiger Nächstenliebe anhielte, gerade was das Alte, Andersartige und Ausländer anging, und er dieserhalb soeben gebeten habe, die beiden Anhalter doch zusteigen zu lassen, bei dieser Kälte allzumal. Da es wirklich eine fromme Dame namens Kleibohm gab, wie Mirko wußte, bedankte er sich, auch in Monas Namen; und sie beeilten sich, auf dem Rücksitz Platz zu nehmen.

Mirko sagte, daß er sich wie ein Astronaut fühle, der nach einem Spaziergang im Weltraum wieder in seine sichere Kapsel heimkehre, und Mona meinte, sie sei sich schon vorgekommen wie jene Katze, die sie zu Hause in der Fleischerei aus Versehen einmal in der großen Tiefkühltruhe eingeschlossen hatte. Lange habe es gedauert, sie wieder aufzutauen, und dann sei sie doch noch gestorben.

Ehe Mirko und Mona bemerkten, daß sie nicht die Auffahrt Bramme-Mitte nahmen, erklärte Kleibohm ihnen, daß er noch in Sandstedt ein halbes Reh von einem Freund holen müsse, denn ohne dieses könnten sie sich bei ihrem Partner in Bremervörde kaum sehen lassen; kleine Geschenke erhielten die Freundschaft. Und darum nicht sofort die Autobahn.

Sie wurden von den beiden Herren gefragt, was sie denn alles so trieben, und Mona erklärte ihnen, daß sie zuweilen unfähig sei, zu Hause das blutig-glitschige Fleisch noch länger berühren zu können, während Mirko lachte, er sei nicht nur als Werftarbeiter ohne Arbeit, als Schweißer, sondern auch in seiner zweiten Profession, als Autoknacker wie als Schränker. Wie das denn wohl? Ja, keinen Job mehr fände er, seit er bei einem Einbruchsversuch nahe Bruchhausen-Vilsen (ausgerechnet!), von einem Axthieb des Hausherrn getroffen, an seiner rechten Hand drei Fingerkuppen eingebüßt habe. Unmöglich, da noch mit dem nötigen Speed den schweren Schneidbrenner zu halten.

Die beiden Herren auf den vorderen Sitzen fanden dies überaus köstlich und wußten nun ihrerseits mit netten Anekdoten aufzuwarten, bis der Motor ihres Wagens urplötzlich zu stottern begann und Kleibohm einfiel, daß sie ja, ihre beiden Punker einladend, glattweg das Tanken... Doch das mache gar nichts, hinten im Kofferraum läge ja noch ein voller Kanister, man bräuchte nur mal kurz zu halten.

So geschah es auch, und Herr Kleibohm hatte ziemliche Eile, seinen Gurt zu lösen, sich aus seinem Sitz zu hieven und nach hinten zu gehen.

Sie standen am Rande wahrer Berge von Abfall und Müll, an der Mülldeponie, wo statt des ÖTV-organisierten städtischen Wächters, der längst zu Haus am warmen Ofen saß, die Krähenschwärme krächzten.

Da kam Herr Kleibohm zurück, doch nicht seinen Kanister in den Händen, sondern eine Schrotflinte, abgesägt auch noch, und befahl den beiden Punkern höhnisch-barsch, schleunigst wieder auszusteigen und sich dann, Dreck zu Dreck, dorthin zu verfügen, wohin sie schon lange gehörten. Dalli, dalli...!

«Das, Herr Catzoa, können wir doch, soweit wir Mike's Tagebuch kennen, als wahr abhaken?»

«Ja und nein. Ja, sofern und soweit es die bloße Tatsache betrifft, daß die beiden Mitfahrer dort an der Deponie das Fahrzeug schließlich wieder zu verlassen hatten; nein aber, wenn sie auf das Verhalten der Herren Kleibohm und Jensen Bezug nehmen wollen, denn die beiden sind ja nun inzwischen vom Gericht von jedem Vorwurf freigesprochen worden, die Punker dort in heimtückischer Absicht ausgesetzt zu haben; ich meine, die beiden real-existierenden Männer, die Truper angeregt haben, sein Bramme-Pamphlet...»

«Von jedem Vorwurf freigesprochen...? Wirklich...? Ich habe da im Ohr, daß dies nur mangelnder Beweise wegen so geschehen sei...?»

«Kleinbaum und Jessen – bei Truper: Kleibohm und Jensen! – haben doch sehr überzeugend nachweisen können, daß sie bedroht worden sind, mit einem Messer und einer Rasierklinge gezwungen, den Kofferraum zu öffnen und einen dort lagernden Aktenkoffer mit mehr als viertausend Mark sowie die Autoschlüssel auszuliefern. In letzter Sekunde hat Kleibohm, bleiben wir dabei, dann aber noch seine Schrotflinte packen können und...»

«Es gibt hier das Gerücht, daß Kleibohm und Jensen mit dieser Reinigungsaktion, Dreck zu Dreck – für ein sauberes Bramme, groß herauskommen wollten, dann aber doch von ihren Ehefrauen und ihren Anwälten insbesondere überzeugt wurden, besser die armen Opfer zu spielen, weil inzwischen das geschehen war, womit sie nie gerechnet hätten, nämlich die Anzeige Mirkos beziehungsweise Mikes und sein Gang zur Presseagentur.»

«Sie neigen also dazu, Herr Doktor, der einseitig ideologischen Sichtweise Trupers zu folgen, seinen Versuch zu billigen, den Leser derart aufzuhetzen gegen...!»

«Und Sie, so scheint mir, geben sich nur wenig Mühe, mir Ihre innere Anteilnahme für die Herren Kleibohm, Jensen und so weiter irgendwie noch zu verbergen...?»

«Als Beamter dieses Landes bin ich verpflichtet, bestimmte Standpunkte unbesehen zu teilen, unbeschadet meiner eigenen inneren Haltung.»

«Als Ihr eigener Verteidiger hätten Sie's womöglich leichter, wenn Sie größere Sympathien für Mirko und Mona...»

«Wieso denn? Und ganz generell: Ich weise mit Entschiedenheit zurück, hier als mein eigener Verteidiger agieren zu müssen, denn dies implizierte ja, daß ich Ihre Anklage innerlich akzeptierte, den von Ihnen behaupteten Tatbestand wenigstens als Möglichkeit konzidierte; doch das tue ich mitnichten. Sie sind es doch, der es letztendlich wegen seines Handelns schwer haben wird, sich angemessen zu verteidigen...»

«Das weiß ich sehr wohl... Und ich selber verabscheue Punker in einem Maße, das... Aber...!»

«Ich bin in vielen, viel zu vielen Schul- und Studienjahren mit dem Inhalt Ihres Abers vertraut gemacht worden; lassen wir's!»

«Catzoa! Wenn Sie in der Tat der sind, der Sie sein wollen, Gott, warum denn nicht endlich ein klares Geständnis!? Oder, anders formuliert: ein klares *Be*kenntnis!? Wo bleibt bei Ihnen das, was Bekennermut heißt?»

«Ich bitte Sie: Was es hier zu verhandeln gibt, das liegt doch wohl auf einer gänzlich anderen Dimension! Ich habe meinen Dienst versehen, ich habe mein Leben bei dieser Aktion aufs Spiel gesetzt; und Sie fragen mich nach einem Geständnis!»

«...in Form eines Bekenntnisses allerdings...»

«Da bekenne ich höchstens, zur Verteidigung der freiheitlich-demokratischen Grundordnung aktiv bereit zu sein; doch dies ist mir ja kaum als ein Mangel auszulegen, oder...?»

«Gut. Vielleicht hilft uns die Exegese des Truperschen Textes doch noch weiter. Ihre Meinung zum nächsten Kapitel...?»

«Darf ich es noch einmal kurz überfliegen...?»

«Aber bitte sehr...»

Anfang Dezember waren sie auf der Brammer Müllkippe ausgesetzt worden, und am 3. Advent hatte Mona Selbstmord begangen, sich in Berlin, wohin sie ausgewandert waren, vor die U-Bahn geworfen.

Mirko lag es fern, ihren Suizid allein in diesem traumatischen Fakt begründet zu sehen, ganz sicher nicht, nimmt man aber eine bis zum letzten austarierte Waage und legt haargenau zehn Kilogramm auf jeden ihrer Arme, so pendeln sich die beiden Seiten sehr bald in einem völligen Gleichgewicht ein, doch erst zeitlupenlangsam, dann immer schneller senkt sich die eine Schale nach unten, fällt und kracht dann förmlich auf den Tisch, fügt man ihr zusätzlich noch ein, zwei Gramm hinzu, winzige Gewichte. Libido gegen Destrudo; Hinwendung zum Leben und zum Tod; das spießige Mädchen auf der einen, die Punker-Tussi auf der anderen Seite: plus und minus, es hielt sich die Waage. Dann jedoch die Müllkippe, die Strafe für sie, das Zeichen, daß die Welt sie von sich stieß, nicht haben wollte und nicht brauchte. Blieb sie zu Hause, war ihr lebenslänglich der Schlachterladen sicher, lief sie weg, dann hieß es: Endstation Müll. Ein Omen. Aussichtslos ihr Fluchtversuch.

Für Mirko war klar, daß die beiden Männer vom OTC Bramme Monas Mörder waren, weil das Mädchen, so sein logischer Schluß, den letzten Schritt ohne dieses Müllkippen-Erlebnis nie getan hätte.

Unmöglich für Mirko, ihr auf diese Weise zu folgen, dazu war er von viel zu großer psychischer Robustheit, aber Grund genug, sich auf andere Art aus dem Leben zu stehlen, sich mit Heroin wie anderen Drogen langsam selber zu verbrennen, mit aller Lust an diesem Feuer, wenn es seinen Sinnen endlich das entlockte, was ihm bislang verwehrt geblieben war. Völlig heruntergekommen, dem Goldenen Schuß des öfteren überaus nahe, hatte er schließlich sein letztes Quentchen Kraft genutzt, um bei *Synanon* die Therapie zu wagen, wohl letztlich allein noch getragen vom ungewiß-alloplastischen Rachegedanken.

Doch als er dann, viereinhalb Jahre waren inzwischen vergangen, zurück nach Bramme kam, war er ein ganz normaler Mensch geworden, daß sich die aggressive Energie, die er aus seinem Gedanken an Mona bezog, als viel zu schwach erwies, um die Mitglieder des Oak-Tree-Clubs hart anzugehen, mit Molotow-Cocktails zum Beispiel oder kleinen Bomben, geschweige denn, direkt mit Messer, Faust, Revolver; sie reichte nicht einmal, am Telefon zu drohen oder anonyme Briefe abzuschicken. Es trifft, schrieb Mirko in sein Tagebuch, der Vergleich zu, als ob jemand versuchte, mit der winzigen Batterie aus einem Quarzuhr-Kugelschreiber einen Panzer zum Rollen zu bringen.

Bei *Synanon* hatte Mirko vieles gelernt, das selbständige Denken zum Beispiel und das Tagebuchschreiben, vor allem aber das Arbeiten und generell die Fähigkeit, sich als einer zu verstehen, der sein Leben selber lenkte. Da es keine Werften mehr gab, auf denen sie massenweise Leute zum Verschweißen brauchten, blieb ihm nichts anderes, als sich mit kleineren Jobs die fünf-, sechshundert Mark zu beschaffen, die man brauchte, um Mitte der achtziger Jahre in

Bramme, seiner Stadt, zu überwintern; und es gelang ihm, indem er in den Stadien Eis verkaufte, an den Türen und Zäunen für Zeitschriften warb, Rasen mähte und Bäume beschnitt, sich illegalen Unternehmern verkaufte und Häuser in die Höhe ziehen half, vor allem aber dadurch, daß er Morgen für Morgen das *Brammer Tageblatt* austrug.

Und hätte er es nicht getan, so wäre seine Energie, Mona betreffend, die noch immer in ihm schlummerte, nie und nimmer mehr aktiviert worden; so aber geschah es am ersten Junisamstag dieses Jahres.

Nicht ganz sechs Uhr war es, als er mit seinem kleinen Karren durch die noch menschenleeren Straßen zog, die dicke Wochenendausgabe in die Briefkästen zu zwängen, den Verteilerplan längst im Kopf gespeichert. Er mochte diese frühen Spaziergänge, denn obwohl er wußte, daß dieser Tag für ihn nichts anderes bringen konnte als die milde Apathie des reinen Überlebens, so erlag er doch immer wieder der alten Metapher vom vielversprechenden Morgen, von der Hoffnung, die ein jeder neue Tag doch in sich trüge, war nahezu beschwingt zuweilen, den ewigen Spruch seines Vaters im Ohr: Neues Los, neues Glück.

Nächster Leser und Empfänger seines *Brammer Tageblattes* war der Anwalt und Notar Dr. Walter Babekuhl, der zwar draußen wohnte am Sandstedter Forst, es aber liebte, auch am Sonnabend, wenn er sich ungestört den heiklen Fällen widmen wollte, in kleinen Arbeitspausen beim Brammer Kommunal- und Heimatklatsch Ablenkung zu finden. Da es sich bestimmte Typen der Altstadt-Scene angewöhnt hatten, die Zeitungen und Zeitschriften, die sie zu konsumieren wünschten, nicht mehr am Kiosk zu kaufen, sondern kostensparend und ganz einfach aus den Briefkästen und -schlitzen anderer zu pflücken, war Mirko von Babekuhl gebeten worden, die voluminöse Wochenendausgabe doch bitte nicht unten in den Hausbriefkasten zu stekken, sondern gegen ein entsprechend erhöhtes Trinkgeld, versteht sich, zur Kanzlei zu bringen und dort, unter der Fußmatte versteckt, vor fremdem Zugriff zu sichern.

Es war ein zweistöckiger Bau, ausschließlich von Freiberuflern genutzt, und Mirko hatte den Schlüssel, die Haustür zu öffnen. Seinen Karren auf der Straße lassend, stieg er die zweimal abgeknickte Treppe nach oben und fand zu seinem Erstaunen die Tür zum Babekuhlschen Büro schon fußbreit offen, ohne daß sich der alt-honorige Anwalt und Notar gemeldet hätte, so oft er ihn, auf der Schwelle stehend, auch rief. Mit der gerollten Zeitung stieß er die hölzerne Tür ein wenig nach innen und registrierte sofort, erfahren wie er darin war, daß hier ein Einbruch stattgefunden hatte. Die Erregung, auf fremdes Terrain vorzudringen, erfaßte ihn wieder, Verbotenes zu tun, vabanque zu spielen, wie damals, und so schritt er, mechanisch fast, durch die Kanzlei, stumm ergriffen schauend, gleich einem Kunstsinnigen in der Eremitage zu Leningrad. In Verzückung versetzte es ihn, als er den großen Babekuhlschen Wandtresor entdeckte, so kunstvoll war er aufgeschweißt und aufgebrochen worden. Wie er später erfahren sollte, hatten hier Profis ein Millionen wertes Emil Nolde-Gemälde gesucht und gefunden.

Mirkos Neugierde war arglos, er wollte nichts stehlen, nur schauen, was da noch immer lag an Papieren, Dokumenten, kleinen Stahlbehältern, Aktenmappen und dergleichen. Vieles bekam er ja zu sehen, doch selten das Innere eines Tresors im Hause eines Staranwalts.

Er faßte nichts an, gebranntes Kind in solchen Sachen, mehrfach vorbestraft, hob nur mit der Zeitung einen der

Schnellhefter hoch, unter dem ein Bündel blauer Riesen, vergessen wohl, zu liegen schien; doch es waren leider nur Aktien, wertlos für ihn. Dabei aber entdeckte er in einer der hintersten Ecken einen Packen schwarzer Plastikkästchen, vierzehn, fünfzehn oder sechzehn, mit roten Gummibändern aneinandergepreßt, und er mußte unwillkürlich schmunzeln, war er sich doch sicher, daß es Porno-Filme waren, Video-Bänder, mit denen sich der alte Lustmolch Babekuhl in seinen Mußestunden vergnügte, und auf die war Mirko scharf, denn seit Monas Tod hatte er keine Frau mehr haben wollen.

Erst als er die Kassetten in den Händen hielt, wurde ihm klar, daß diese Bänder einen anderen Sinn hatten, denn auf einem weißen Stück Papier, zwischen die beiden obersten geschoben, hatte eine junge Gehilfin mit schönster Mädchenschrift geschrieben: *Testamente auf Video-Band*, und auf jeder Kassette stand fein säuberlich der Name dessen, der sich hier verewigt hatte, um nach der Stunde seines Todes seinen Hinterbliebenen selber zu eröffnen, was nun Sache sei.

Mirko wußte, daß eine ihrer renommiertesten Beerdigungsfirmen diese Dienstleistung, Amerikanern abgeguckt, jetzt auch Brammer Bürgern bot, zu Kosten, die fünfstellig werden konnten, aber auch schon zu Billigpreisen von etwa DM eintausendzweihundert. Sicherlich kein Preis für dieses kleine Stück Unsterblichkeit.

Und noch immer fand er alles ziemlich spaßig, und war höchstens ein wenig verärgert über die ihm entgangenen Pornos, und erst als er auf den kleinen Schildchen mühsam las, wer hier als Testament-Darsteller abgespeichert lag, da hatte er seinen fast genialen Einfall, die Honoratioren von Bramme zu schocken und endlich Mona zu rächen, denn fast alle Männer waren OTC-Mitglieder, und einer der Namen war *Kleibohm, Konrad.*

So nahm er denn die Kassetten, trug sie zu seinem Karren hinunter und versteckte sie unter seinem Berg noch nicht verteilter Zeitungen.

«Nun, Catzoa, soweit d'accord?»

«Nur in der Annahme, daß Rudolf C. Trupers Phantasie beträchtlich ist.»

«Mag sein; indessen stützt er sich in dieser Passage doch mehr als sonst noch auf das Tagebuch seines Helden, auf Mikes Notizen.»

«Als wäre das Tagebuch eines Menschen der Inbegriff des Objektiven! Ob nun vom realen Mike geschrieben oder vom fiktiven Mirko, es bleibt gleich zweifelhaft.»

«Ihr Spiel, so raffiniert es scheint, mein lieber Catzoa, bleibt mir durchschaubar genug...»

«Sie haben die Hypothese meiner Schuld, und ich habe während meines Studiums Sir Karl Popper zu schätzen gelernt: Wahre Wissenschaft sei es, wenn man versuchte, jedwede Hypothese zu erschüttern, sie zu falsifizieren, nicht aber, blind werdend dabei, krampfhaft um ihre Verifizierung zu kämpfen.»

«Wie...!? Daß Sie meine Vermutungen anzweifeln, mag ja noch angehen, aber meine klaren Fakten sollten Sie bitte nicht auch noch zu ungewissen Wahrscheinlichkeiten herabmindern wollen!»

«Was, bitte, sind denn hier Tatsachen, sind denn Axiome?»

«Monas Selbstmord beispielsweise!»

«Sie brauchen doch diesen Suizid zu nichts anderem, als

dazu, für Mike beziehungsweise Mirko ein Motiv zu haben!»

«Die reale Miriam hat sich nun mal auf dem Bahnhof Zoo, Berlin, vor einen Zug der Linie 1 geworfen, der von Ruhleben kommend... Ich hab doch die Protokolle hier; der BVG wie auch der Polizei!»

«Wieso geworfen? Stand sie denn dicht an der Bahnsteigkante, um sich zu werfen? Nein, stand sie nicht, sie stand vielmehr in einem Zug, der gerade aus der Gegenrichtung her, vom Schlesischen Tor, in den Bahnhof hineingerollt war, gehalten hatte; sie wollte, da ihr plötzlich übel war, die Tür öffnen – und hat dabei nicht bemerkt, daß dies die falsche Bahnsteigseite war, ist also hinausgestürzt vor den einfahrenden Zug der anderen Richtung, also verunglückt, irrigerweise annehmend, auch der Bahnhof Zoo hätte einen Bahnsteig in der Mitte wie die Stationen davor; hat er aber nicht, zwei Bahnsteige gibt es da, in jeder Richtung einen. Und ein solcher Unfall gibt nun nichts mehr her für wilde Rachegedanken...!»

«Es war kein Unfall! Wieso sollte sich keiner selbstmörderisch aus der Tür des einen Zuges vor den anderen werfen können?»

«Weil das völlig atypisch ist!»

«Atypisch ist es wohl auch, daß ein Mann wie Mike beziehungsweise Mirko Videokassetten an sich nimmt?»

«Sind denn jemals bei Mike diese Testaments-Kassetten aufgefunden worden?»

«Mit welcher Chuzpe Sie da eine Verteidigung nach vorne betreiben, das ist schon anerkennenswert, mein lieber Oberkommissar, aber, Catzoa, Sie vergessen vielleicht, daß Truper a) ein autochtoner Brammer Bürger ist, mit allem vertraut, was hier so geschieht, so diffus, diskret, subtil auch alles sein mag, und er sich b) viele, viele Stunden lang mit Mike getroffen hat.»

«Als literarische Konstruktion ist das Ganze sicherlich bewundernswert, als Versuch aber, mich und die ganze Polizei von Bramme in den Schmutz zu ziehen allerdings wohl weniger!»

«Sie hätten mehr Pluspunkte bei mir, wenn Sie nicht auch Miriams Selbstmord und den Diebstahl der Kassetten durch Mike so einfach hinwegdiskutieren wollten...!»

«Bitte: Es kann ja so gewesen sein, wie Sie es sagen, wie Truper es schreibt, ich bestreite das ja keineswegs! Ich bestreite nur, daß es keine andere Wahrheit geben könnte als diese!»

«Was ist denn wohl wahrscheinlicher?»

«Bei einer solchen Suggestivfrage bleibt mir keine andere Wahl, als Ihrer Version zuzugestehen, daß sie wahrscheinlich wahrscheinlicher ist; aber auf diese Art und Weise können Sie doch niemals einen hängen!»

«Noch sind wir ja nicht am Ende unseres Gesprächs... Gehen wir mal weiter Trupers Story durch...»

Mirko, der in einem Ex-Tante-Emma-Laden lebte, hatte sich einen gebrauchten Video-Recorder aus dunklen Quellen beschafft, daß die Testamente nun unter Umständen sogar auf dem Gerät eines ihrer Darsteller abgespielt wurden.

Zunächst war Mirko eher enttäuscht, denn auf den ersten drei Bändern gab es zwar etwas zu sehen, was ihm hochgradig albern vorkam, aber wohl dennoch nicht ganz ausreichend war, den Mann auch «fertigzumachen», der da, obwohl noch höchst lebendig, als Toter zu den Seinen sprach.

Auf Kassette eins hatte sich ein Reitersmann ein Denkmal

setzen wollen, Dr. Roselieb mit Namen, der feuchten Auges neben seinem «Turmbläser» stand, einem Holsteiner Wallach, und seine Abschiedsworte sprach, bewegt auf sein «ach so erfülltes» Leben zurückblickend, die schönsten Siegesritte kunstgerecht hineingeschnitten. «So, wie ich hier im Stechen des Mächtigkeitsspringens über den dreifachen Oxer hinübersetze, so möget auch ihr, meine geliebten Kinder, alle Hindernisse des Lebens erfolgreich überwinden, euer Studium mit Anstand beenden und unsere Firma sicher ins nächste Jahrtausend hinüberführen.»

Folgte der Chef der Feuerwehr von Bramme, fürstenhaft vor seinem Ferienhaus in Bayern aufgebaut, Pathetisches im Mund («Nie ist mir meine eigene Sterblichkeit bewußter geworden als hier inmitten der ewigen Berge») und im Hintergrund ein einheimischer Chor, den er für gutes Geld das Lied vom gelben Wagen von einem solchen schmettern ließ («... ich wär ja so gern noch geblieben...»).

Dann, gemütlich in seiner Wohnstube beginnend und mit einem sturmtollen Hochseetörn endend, der Kapitänleutnant zur See Klaus-Dieter Osterbrock, der seinen Hinterbliebenen per Kameraschwenk und eingefrorenem Bild genau die Stelle nahe Helgoland beschrieb, wo sie dann («Ich bitte sehr herzlich darum!») seine Urne dem Meere übergeben sollten.

So ging es weiter, Kassette um Kassette, oft auch religiös mit Kerzen, Kreuzen, Engelchen, und als er sich alle fünfzehn, mein Gott, angeschaut beziehungsweise «reingezogen» hatte, da waren dann nur wenige darunter, die es wirklich in sich hatten, nämlich jene, die nicht von der «Video-Testament Nord GmbH» aufgenommen worden waren, zensiert gleichsam, sondern von den (Un-)Sterblichen selbst. Nicht ausschlachtbar für ihn waren leider Kleibohms letzte Worte, denn der saß nur hinter seinem Schreibtisch und las die Sätze ab, stinknormale.

Nach der ersten Durchsicht blieben sieben Bänder übrig, brauchbar vielleicht, weil sich da die Männer schrecklich dekuvrierten. Da gab es visuelle Testamente, die so lächerlich waren, daß sie für ihre «Darsteller», die doch allesamt rigide-süchtig aus waren auf Würde und Respekt, wahrhaft tödlich werden mußten. Auf anderen Bändern wieder bekannten sich honorige Männer, das Bundesverdienstkreuz und mehr noch tragend, dazu, Tabus verletzt zu haben, zu einem Verhalten, das zwar nicht strafrechtlich zählte, in ihren Kreisen aber schwer geächtet wurde und die soziale Abwertung mit sich brachte. Drittens schließlich hatten einige, von echter Reue gepackt, als Christen Vergebung erbittend, endgültig Tabula rasa gemacht und in bewegten Worten Bericht erstattet über das, was ihnen auf der Seele lag, Böses, das ihnen, ungebeichtet, alle Chancen nahm, dermaleinst erlöst zu werden.

Vier Fälle waren es schließlich, die Mirko ebenso Genugtuung wie reiche Beute versprachen:

Ad eins: der Intendant des Brammer Stadttheaters, der große Tasso Tronk, der seine hochbürgerliche Herkunftsfamilie aufs Übelste beschimpfte («... mein Furz neulich, das war der erste frische Wind bei euch seit Jahren!»), aber nicht nur die, sondern ebenso nestbeschmutzerisch sämtliche Größen seiner Heimatstadt, was die Politik anging («... so war unser Kämmerer in seiner durch nichts zu übertreffenden Geilheit schon gleich bei unserer Ankunft in Amsterdam in einem Haus verschwunden, an dem das Schild TO HUUR hing, nicht wissend, daß das lediglich meinte, daß es zu vermieten sei...»).

Ad zwei: der Kaufmann Werner Wrohm, der mehrere

Heimwerkermärkte besaß und seine Erben voller Reue bat, doch erst einmal dem Staate das Seine zu geben, bevor sie ans Verteilen gingen, das heißt, endlich die von ihm millionenhoch hinterzogenen Steuern zu zahlen.

Ad drei: Der Unternehmer Herrmann Hoikendorf, Präsident des Oak-Tree-Clubs und Chef etlicher Firmen, die sich um die Herstellung preisgekrönter Würste mühten, Konsul des Landes Haute-Niger und Träger vieler Orden dazu, der – feierlich am Stehpult mit Blumen und christlichem Kreuz – eine Art Beichte ablegte, gestand, vor vier Jahren einmal auf der Straße von Bramme nach Verden mit seinem Wagen einen Radler erfaßt und getötet zu haben («... diese Fahrerflucht lastet seither wie ein böser Fluch auf meinem Leben, wie ein dunkler Schatten, und ich lege hiermit rechtlich bindend fest, daß der Familie dieses Mannes, das heißt, seine Frau und seine beiden Kinder, für die nächsten zehn Jahre eine monatliche Rente von DM eintausend ausgezahlt werden soll... äh, sollen!»)

Ad vier: der Zahnarzt Dr. Bodo H., Schatzmeister des OTC Bramme, der sich zu seiner Homosexualität bekannte («... was ich Dir, liebe Wiebke, und Dir, lieber Carsten, nie zu gestehen gewagt habe und weswegen ich so oft nach Berlin und Amsterdam, New York und Athen zu Kongressen reisen mußte...») und alles, was rechtlich eben ging, AIDS-Kranken vermachte.

Für Mirko gab es keinerlei Zweifel daran, daß diese vier Männer erledigt und verloren waren, ihre bürgerliche Existenz betreffend, wenn der Inhalt dieser ihrer Testamente vorzeitig publik gemacht wurde. Zu sehr hatten sie Dr. Babekuhls Tresor vertraut, zu sehr waren sie von ihrem starken Über-Ich be- und gedrängt worden, wenigstens posthum reuig zu werden und bußfertig zu wirken, zu sehr haßten sie auch ihre Erben, schon allein der einen Tatsache wegen, daß diese noch lebten, mißgönnten ihnen das, litten darunter, daß sie mit ihren schwer verdienten Geldern noch genießen konnten, nicht auch zum Nichts zerfallen waren; Parasiten und Schmarotzer!

Eine erregende Sache diese Testaments-Aufzeichnungen, ein prickelndes Spiel, und Mirko konnte nicht anders, als seinen Opfern stillen Beifall zu spenden, sie bewundernd, daß sie dieses alles so getan hatten.

Dennoch: der erste Erpresserbrief, zusammengebastelt aus Buchstaben und Wörtern des *Brammer Tageblattes* ging am nächsten Wochenende ab, und zwar an Herrmann Hoikendorf, zusammen mit einer Kopie seines Testaments, gezogen in einem kleinen Studio, das Mirkos Freunde betrieben, um dort, es waren Pop-Musiker, ihre Video-Clips «zusammenzuschustern».

Das Geld, DM fünftausend zunächst, möge Hoikendorf doch bitte am kommenden Mittwoch, zwölf Uhr mittags, in kleinen Scheinen und in einem alten Karton in die Scheune des verlassenen Gehöfts am Mühlengraben werfen.

Mirko versteckte sich dann auch zur angegebenen Zeit in einer Hecke, um auf Hoikendorf zu warten. Und der kam auch prompt, tat das, was Mirko angesagt hatte, und zwar ohne Trick und irgendwelche Mätzchen, ohne Polizisten also und einen Versuch, seinen Erpresser sehen zu wollen.

Alles hatte bestens funktioniert.

«Nun, Catzoa, welche Kommentare Ihrerseits darf ich notieren; hierzu, zu diesen Sätzen...?»

«Daß mir Truper wie jemand erscheint, der von dreitausend Puzzleteilen zwei gefunden hat und sich nun anmaßen will, das gesamte Bild bis ins letzte Detail wiedergeben zu können.»

«Jedes Puzzlemotiv war schon mal ein Ganzes, ist erst späterhin zerlegt worden. Vorsicht mit solchen Metaphern!»

«Es ist pure Hochstapelei, Arroganz des Intellektuellen, aus der Kenntnis eines Teilchens auf Struktur und Dynamik des Ganzen zu schließen, denn in unserm Falle ist vorab keine Vorlage da!»

«Ich glaube doch; alles läuft nach ewig gleichen Mustern ab. Und warum denn nicht auf diese Art? Ich sehe ein Salzfaß, das umgestoßen ist, einen fahrscheingroßen Ausschnitt nur, und weiß sofort, aha: da Vincis Abendmahl! In einer Fernsehshow hatten zwei Männer jüngst nur fünf Sekunden Zeit, von diesem winzigen Ausschnitt auf den Titel eines ganzen langen Films zu schließen, und es gelang ihnen prompt und ohne Fehler bei sieben Exemplaren, die man per Zufall aus fünfhundert ausgewählt hatte. Es geht also, mein Lieber, wenn man Muster und Gesetze unseres Lebens wirklich kennt; und Truper kennt sie garantiert!»

«Meinen Sie denn allen Ernstes, daß das Abbild Brammes, seine Strukturen, seine Menschen, ein derart klares und zudem auf ewig fest fixiertes Bild abgeben, daß man das könnte? Nein!»

«Befragen Sie zweitausend Menschen in der Bundesrepublik, wie es unsre Institute meistens tun, und Sie haben ganz exakt die Meinung aller Bundesbürger.»

«Sie weichen mir aus.»

«Nein, ich glaube wirklich zu wissen, was unsre Welt im Innersten zusammenhält; und Truper wohl auch. Und darum habe ich an seinem Urteil keinen Zweifel mehr.»

«Ganz schön vermessen!»

«Keine Bange: Erkennen ist doch nur das eine, Handeln und Verändern das andere – und zwischen beiden liegen Ozeane...»

«Wir geraten ins Philosophieren und vergessen allmählich wohl das, was Sache ist, die Tatsache nämlich, daß die realen Kassetten...»

«Eine dritte Zigarette noch...?»

«Nein, danke...»

«Entschuldigung, fahren Sie fort...»

«Wo ich jetzt sitze, da hätte wohl eigentlich Truper zu sitzen!»

«Er ist irgendwo zwischen den karibischen Inseln unauffindbar...»

«Wenn Truper angesehene Bürger Brammes nimmt, ihre Namen nur unzulänglich verfremdet und verschlüsselt und ihnen dann unterstellt, in fiktiven Statements auf Video-Bändern dieses und jenes gesagt oder gestanden zu haben, dann ist das üble Meinungsmache; ein mieser kleiner Brunnenvergifter ist er. Üble Nachrede und Verleumdung, würde ich sagen, die Paragraphen 186/187 StGB...!»

«Ach, ja, Catzoa, Kommisar, Halbgebildeter in diesen Dingen: da stehen doch aber ein paar kleine Wörtchen dabei! ...*wenn nicht diese Tatsache erweislich wahr ist* zum Beispiel – oder eine *unwahre* Tatsache; aber noch ist ja keiner der Herren, gegen die wir nun auf Grund des Truper-Buches ermitteln dürfen und müssen, so richtig exkulpiert, so richtig aus dem Schneider. In Trupers Wein ist sehr viel Wahrheit...»

«Die Testamente derart mißbräuchlich zu nutzen, das verstößt doch sicher gegen alle guten Sitten! Und siehe § 192 StGB: «*Beleidigung trotz Wahrheitsbeweises.* Ich darf aus Ihrem Text zitieren... Der Beweis der Wahrheit der behaupteten oder verbreiteten Tatsache schließt die Bestrafung nach § 185 – Beleidigung – nicht aus, wenn das Vorhandensein einer Beleidigung aus der Form der Behauptung oder Verbreitung oder aus den Umständen, unter welchen sie geschah, hervorgeht.»

«Das steht doch nun alles auf einem ganz anderen Blatt; heute geht es um Catzoa, nicht um Truper...!»

«Darf ich mir da erlauben, anderer Meinung zu sein... Ist der sogenannte Dichter offiziell als Scharlatan entlarvt, dann, das müßten selbst Sie mir konzidieren, bräche doch Ihre ganze Konstruktion zusammen wie das berühmte Kartenhaus...»

«Truper ist ein Berichterstatter, wie er...»

«Ein Spinner ist er!»

«Wo bleibt denn Ihre Contenance, Catzoa!?»

«Bin ich cool, dann bin ich schlecht; zeige ich Emotionen, dann spricht auch das gegen mich! Ein solches Maß an Vorverurteilung, das...!»

«Schön...! Pardon! Sind wir uns aber – bei allen unterschiedlichen Wertungen – darüber einig, daß Trupers Erzählung zumindest zwei wahre Kerne enthält, zwei Geschehnisse, die es wirklich und wahrhaftig hier bei uns gegeben hat: Die Aussetzung zweier Punker auf einer Müllkippe draußen und den Einbruch bei einem Notar samt anschließenden Diebstahls einer Reihe von Videokassetten, auf denen die Testamente von Brammer Kaufleuten, Kapitänen, Apothekern, Ärzten und so weiter festgehalten worden waren...»

«Sicher, das will ja auch niemand bestreiten. Alles andere aber ist Phantasie, Spekulation, üble Nachrede, antiquierter Klassenkampf oder einfach nur geblufft, um einem dürren

Buch auf einem hartumkämpften Markt ein bißchen was an Käuferpotential zu bringen.»

«Nur heiße Luft...? Immerhin weiß Truper mehr über ganz bestimmte Brammer Bürger als der beste Geheimdienst je herausbringen würde...»

«Was erst noch zu beweisen wäre... Aber für mich ist und bleibt das alles, was Truper da macht, Extrapolieren, höchst unzulässig. Ein Beispiel nur: Der Mann, aus dem bei Truper dann der Hoikendorf geworden ist, bestreitet nämlich ganz entschieden, bei Dr. Babekuhl jemals eine solche Testaments-Kassette hinterlegt zu haben, und er kann auch auf Zeugenaussagen verweisen, aus denen einwandfrei hervorgeht, daß er am tödlichen Unfall des von Truper angeführten Radfahrers nie und nimmer schuld haben kann.»

«Sie gestatten mir ein leises Lächeln... Unsere Video-Testamente, ja...sie waren doch beim Oak-Tree-Club die große Mode?»

«Die Herren halten sich bedeckt...»

«Ihre Verteidigung, lieber Catzoa, scheint mir im Augenblick so wenig originell wie eine sizilianische Eröffnung bei einer Schachmeisterschaft.»

«Dennoch kann man mit ihr Spiele gewinnen...»

«Ich brauche Sie wohl kaum zu fragen, was der reale Dr. Babekuhl über die Anzahl der bei ihm hinterlegten Testamente auszusagen bereit ist...?»

«Nichts!»

«Damit hätten Sie dann Ihren Beweis, daß der reale Hoikendorf, also Trupers in Bramme wirklich existierendes Vorbild, nie vor seiner Kamera gesessen hat, um seinen Letzten Willen abzulichten, folglich also nie und nimmer seinetwegen Erpressungsopfer werden könne...?»

«Sie sagen es!»

«Oh, Sie werden langsam nervös...! Ein Schlückchen Saft, vielleicht?»

«Alles unglaubwürdig bei Truper, alles nur Kunstfiguren, insbesondere Mirko. Ein fieser, kleiner Erpresser, hochstilisiert zum Rächer seiner Braut!»

«Truper läßt ihn beides sein.»

«Wie auch immer: die Sache mit den Kassetten wäre doch viel zu sophisticated für ihn; und für den realen Mike dann hundertmal mehr, ist er doch nochmals ein paar Nummern kleiner als sein literarisches Abbild.»

«Sehen wir weiter...!»

Konrad Kleibohm und Werner Wrohm, beide noch im besten Mannesalter, hatten all das in Hülle und Fülle, was ein Mensch brauchte, um glücklich zu sein. Essen und trinken konnten sie nach Herzenslust, schlafen und beischlafen auch; sie hatten nicht nur ein Dach über dem Kopf, sondern ein teuer reetgedecktes dazu, und ihre Bedürfnisse nach Sicherheit, Kontakten, Akzeptanz und Selbstverwirklichung wurden alle restlos erfüllt, wie auch anders bei Unternehmern ihres Kalibers, eingebunden in das dichte Geflecht kommunalen Lebens.

Sie saßen an diesem Abend schon früh im *Wespennest* am Markt, hatten Rehrücken beziehungsweise Zander geordert und sprachen locker-pointiert über dieses und jenes, Dinge des Geschäftlichen übergangslos mit Klatsch und Tratsch verbindend, wer mit wem, und mit welchen Sensationen ihre Ehefrauen wieder aufwarten wollten, wenn die nächsten Gartenfeste riefen.

In der besten der möglichen Welten ließ es sich leben, fanden sie, auch wenn es nun galt, auf weitere Genüsse des

Leibes zugunsten einer Sache zu verzichten, die zwar dröge, aber ebenso unumgänglich wie ehrenvoll war: die Kasse des Oak-Tree-Clubs per Jahresmitte zu prüfen.

Kleibohm war Hochseesegler, Wrohm Schütze und Jäger, und sie vertrieben sich mit allerlei Anekdoten die Zeit, bis der Ober ihren Verzehr berechnet hatte, die Unterschriften eingeholt und die Trinkgelder eingesackt waren, dann gingen sie zu ihren Wagen, die weit entfernt in Friedhofsnähe standen.

Es war ein Sommerabend voll südlicher Milde, untypisch für Bramme, und der Marktplatz zeigte sich jetzt, kurz vor acht, in nahezu mediterranem Flair, besaß plötzlich Ambiente. Im Corso zogen die Paare zum Fluß, den weiten Wiesen. Während sie vom Markt links ab in eine kleine Gasse bogen, versperrten ihnen dreißig, vierzig Leute den Weg, jüngere zumeist, die sich vor dem Schaufenster eines neulich erst eröffneten Geschäftes aufgebaut hatten, der Firma Schmall, dem «Zentrum elektronischer Medien in Bramme» («Bei Bildausfall sofort zu Fernseh-Schmall!»). Was sie hier angelockt hatte, war nicht etwa das klassische Fernsehen oder gar einer der neuen kommerziellen Kanäle, sondern ein simples stehendes Bild auf einem der Bildschirme, nur schwarz-weiß, auf dem zu lesen stand: *Intimfernsehen Bramme – Die ersten Enthüllungen 20 Uhr.*

Immer mehr Gaffende kamen; das Ladeninnere war leer, und es war nicht auszumachen, was das Ganze sollte. Eine ungewisse Erregung kam auf, archaische Fähigkeit des Menschen, bestimmte Ereignisse noch immer vorab wittern zu können. Die Spannung bei den meisten Zuschauern wurde auf die Erwartungen umgelenkt, die von dem mysteriösen Fernsehbild ausgelöst worden waren.

Punkt acht erlosch das Standbild, und zehn Sekunden

lang wallten Nebel, blinkten Disco-Lichter, dann aber, nach hartem Schnitt, begann Werner Wrohm, ihnen allen face-to-face, mit der Uraufführung seines Testaments. Er führte es Mal für Mal den Brammer Bürgern vor, vier Kopien lang hintereinander, und plötzlich herrschte der pure Karneval, mitten im Sommer. Ausrufe, Schreie, Gelächter.

Wrohm tobte, wollte in den Laden hinein; doch der war verschlossen. Zuckte wie einer, der gefoltert wurde, brach schließlich zusammen.

Mirko, inmitten der Menge, litt einerseits mit Wrohm, war andererseits auch high, gut drauf, erzitterte im Triumph Davids über Goliath.

Es hatte alles unendliche Mühe bereitet; erst das Band im Studio seiner Freunde zu produzieren, dann das Kunststück zu vollbringen, es in den Schmallschen Vorführ-Recorder zu schmuggeln und diesen wie geplant zu programmieren. In einer kleinen Besenkammer hatte er sich, als die letzten Kunden weg waren, einschließen lassen, um dann, nach Abgang auch der Reinemachefrau, alles Nötige zu unternehmen...

«...folgen einige technische Details, die uns nicht weiter interessieren sollten, da sie von Truper fast wortwörtlich aus Mikes Notizbuch abgeschrieben worden sind.»

«Es soll schon bedeutendere Tagebücher gegeben haben, die sich später als Fälschungen erwiesen haben! Aber ein Mensch wie Mike ist ja allerdings von seiner Biographie her über alle Zweifel erhaben, kein Literat zu sein...!»

«Nun, zum einen hat Mike ja selbst zu Protokoll gegeben, eine Art Tagebuch geführt zu haben, und zum anderen ist die Sprache dieser Notizen, ich habe da mit Sozio-Linguisten geredet, derart beschaffen, daß sie durchaus von einem intelligenten Arbeiter, Facharbeiter, stammen könnte.»

«Truper sagt man nach, er könne jeden Stil kopieren...»

«Werter Herr Catzoa: Sicher können Sie anzweifeln, daß eins und eins zwei ist; nur würde mich das nicht bewegen können, Ihnen darin Folge zu leisten.»

«Weiser Zweifel wird dem Klugen Leuchte...»

«Goethe...?»

«Shakespeare!»

«Einen Punkt für Sie, Catzoa, wobei anzumerken wäre, daß in Bramme beide wenig zählen; hier heißt der Platzhirsch eben Truper. Und Werner Wrohm bei Truper ist der reale Martin W. Mohr, unser Heimwerkerkönig. Drehen Sie den Namen um, ich meine *Wrohm*, setzen Sie das W dahinter... Und die Kassette mit dem Mohrschen Testament ist ja nun unbestreitbar wirklich und wahrhaftig abgespielt worden.»

«Das ja...»

Zwei Tage nach der öffentlichen Aufführung seines Testaments fand man Werner Wrohm tot in den Trümmern seines Wagens, war sein Körper, waren Blech und Glas, Holz und Rinde wie in einem gewaltigen Mörser untrennbar miteinander vermengt worden. Mit über hundert Stundenkilometern war er, so die Polizei, in der Sandstedter Kurve gegen einen Baum gerast, eine riesige Eiche, vom OTC erst jüngst zum «Denkmal der Natur» erhoben. Da sich an dieser Stelle freie Bürger vier- bis siebenmal im Jahr, angelockt vom freundlich warnenden Schild «Achtung! Gefahrenschwerpunkt!», einen wahrhaft artgerechten Abgang verschafften, blieb Wrohms Nachkommen die Möglichkeit offen, von einem «tragischen Unfall» zu sprechen. Insider aber wußten genau, daß er, Steuerfahndung und Kripo in Haus und Betrieb, schlichtweg aufgegeben hatte. Unfaßbar war die Tat allerdings angesichts der altbekannten Tatsache, daß ihm beim stillen Sympathisantentum seiner einheimischen Richter so viel an Strafe nun gewißlich nicht drohte.

Wrohm wurde also zu Grabe getragen, und noch beim Leichenschmaus begann sein Kamerad Hoikendorf, wohl am stärksten gefährdet von allen, mit der behutsamen Suche nach weiteren Opfern des «Testaments-Erpressers» – und fand sie auch bald, soweit sie sich wie Wrohm und er ebenfalls zum Oak-Tree-Club gehörig fühlten; zu groß war bei allen der Schock, und auch ihre Angst. Den Rest der Namen verriet ihnen schließlich Babekuhl, nachdem sie sich die Gefügigkeit des alten Notars mit vielen Flaschen Wein gesichert hatten.

Schon am nächsten Tage war, geheim tagend, die *Notgemeinschaft* derer gegründet, die von weiteren Testamentsaufführungen das Ende ihres bürgerlichen Glücks befürchten mußten; und ein anderes gab es ja für keinen von ihnen.

Sehr schnell keimten Eliminierungsphantasien auf, Gedanken, dem Erpresser, dem Bedroher, gewaltsam das Handwerk zu legen, ihn, viele solcher Wendungen gab es da, *lautlos zu beseitigen, aus dem Verkehr zu ziehen, zum Schweigen zu bringen, das Gas abzudrehen*; in Hamburg, Frankfurt und Berlin gäbe es sicher geübte Schlägertrupps, die sich für so was kinderleicht anwerben ließen, in Marseille ganz sicher auch Killer für Zwecke wie diesen. Nicht mal den Gegenwert eines Sportwagens hätte man dafür anzulegen gehabt. Viel Beifall gab es für diese Idee und die ersten Aufträge auch.

Zur Besonnenheit dagegen mahnte Brammes höchster Polizeibeamter, selber insofern betroffen, als sein Testament, wenngleich noch zurückhaltend formuliert, war es derart angefüllt mit bittersten Vorwürfen gegen die staatszersetzende Laxheit hiesig-herrschender Innenminister, mit Ratschlägen zu einer endlich anstehenden Aktion nationaler Säuberung, wohl wissend, daß ihm dies, wäre es publik geworden, derzeit noch eine Suspendierung vom Staatsdienst eingebracht hätte. Wenn er dennoch vor privater Einschüchterung warnte, vor einem fremden Profikiller gar, dann sicher auch, weil er durch und durch Beamter war, Legalist, vor allem aber, weil ja bis dato niemand wußte, wer denn eigentlich die Kassetten gestohlen und das Wrohmsche Testament den Brammern vorgespielt hatte. Dies zu ergründen sei Sache seiner Leute, und er hätte da einen jungen Mann von ganz außergewöhnlichen Gaben, der nicht nur die sichere Gewähr dafür biete, daß man Erpresser wie auch Testamente schließlich finde. Diese Hoffnung allerdings ließ die Verzweiflung seiner Zuhörer ins Unermeßliche anwachsen, denn damit sei ja nun überhaupt nichts gewonnen, sondern, ganz im Gegenteil, alles verloren; Operation gelungen, Patient tot. Da lachte er nur und warf die Karte mit dem Joker auf den Tisch; und so kam Thomas Katzert ins Spiel.

«Katzert gleich Catzoa...»

«Wie kann ich mich dagegen wehren...? Viktimologie, die Lehre vom Opfer...»

«Das müssen Sie nicht werden, reden Sie offen mit mir!»

«Meines Wissens tue ich die ganze Zeit über nichts anderes.»

«Dann werden Sie sicher das Treffen der Testaments-Geschädigten, wie es Truper uns beschrieben hat, zur reinen Fiktion deklarieren?»

«Es gibt in Ihren wie in meinen Unterlagen keine Aussagen darüber, kein einziges Indiz, einfach nichts!»

«Im Jahre 1846 sind Leverrier bestimmte Unregelmäßigkeiten in der Bewegung des Planeten Uranus ins Auge gefallen, und er hat daraus auf das Vorhandensein des Neptun geschlossen; ich nun schließe aus bestimmten Bewegungen Ihrer Lebensbahn, daß es ein solches Treffen gegeben haben muß.»

«Der Einbruch bei Dr. Babekuhl, die widerrechtliche Vorführung des Wrohmschen Testaments; was bedurfte es da noch eines solchen Treffens, um die Maschinerie in Gang zu setzen?»

«Der Catzoa scheint mir noch besser als der Katzert zu sein...»

«Reach out for the medal, reach out for the gold...!» Nicht umsonst war die Hymne der Olympischen Spiele von Los Angeles 1984 auch der Lieblingssong des Thomas Katzert. Er wußte, daß es im Leben eines jeden Menschen eine Stunde gab, in der sich alles entschied, eine nie wiederkehrende Chance zu Sieg und Goldmedaille. Auf diesen Augenblick hin war sein Leben programmiert; jetzt, mit den verschwundenen Videokassetten, war er gekommen: Hic Rhodos, hic salta.

Fünfundzwanzig Jahre alt war Thomas Katzert, geboren und aufgewachsen in Bramme, trotz des viel zu guten Abiturs, immerhin 1,4 im Schnitt, an der HÖV Bramme, der Hochschule für Öffentliche Verwaltung, zugelassen zum

Kommissarsstudium, dies sogar mit einer glatten Eins abschließend. Hut ab, meine Herren, hatte Professor Lachmund gesagt, da wächst uns ja ein neuer Fouché heran!

Nun, Thomas Katzert war stets von einer Schar ihm treu ergebener Freunde umringt, half so manchen über die hohen Prüfungshürden hinweg, galt bei allen als beliebt, doch stets gab es zwischen ihm und seinen engsten Vertrauten eine gewisse Zone der Kühle, einfach Distanz. Ein bißchen war er auch Homunkulus, von Gentechnikern aus verschiedenen Erbträgern geklont: einem Freicorpsoffizier, einem Gigolo der frühen Zwanziger, einem Marathonasketen, einer Möwe. Dunkel die Haare, fast wie eine Badekappe an den Kopf gebürstet, mit Augen wie der Himmel eines frühen Sommertages, unendlich transparent, das Gesicht als wäre es aus einem Holzblock geschnitzt, alt und gleichermaßen babyhaft, sanft und auch wieder herrisch die Stimme, ein Bariton. Schach und Klavier spielte er mit gleicher Meisterschaft, und was die meisten Sportdisziplinen betraf, so machte er auch hier eine gute Figur.

Warum nur war ein junger Mann mit diesem Wesen, dieser Begabung nicht in die Wirtschaft gegangen, ein Spitzenmanager geworden? Die Antwort fällt schwer, doch wahrscheinlich war es die Gewißheit, daß er mit seiner Herkunft dort, wo Geld und Adel und die rechte (schlagende) Verbindung noch immer über alles entschieden, kaum reüssiert hätte, war sein Vater doch lediglich Müllwerker in Bramme und seine Mutter eine Putze. Ein Geruch, den er nie ganz losgeworden wäre. Außerdem war dieser Bereich dem Ansturm der vielen Talente kaum noch gewachsen, gab es dort ein riesiges Gedrängel vom Karriereehrgeiz getriebener Menschen. Man mußte sich aber, das wußte er von der Leichtathletik, wenn man mit geringstmöglichem Einsatz ganz schnell aufs «Treppchen» wollte, aufs Siegerpodest, die Disziplinen wählen, die nur wenige schätzten, den Dreisprung etwa, den Hammerwurf, das Gehen auf der Bahn. So war es unter diesem Gesichtspunkt kosten-nutzen-analytischen Denkens nur logisch für ihn, sich voller Eifer um einen Platz im öffentlichen Dienst zu bemühen, eine gute Figur bei der Bewerbung zu machen; und da er Machiavellist war, einer also, der heftig danach strebte, Macht über andere Menschen zu haben, hatte er sich für den Polizeidienst entschieden, zumal man dort die sogenannte Einheitslaufbahn eingeführt hatte, also – bei entsprechenden Leistungen – problemlos in die höchsten Ränge klettern konnte.

Gleichzeitig politisch aktiv, war es sein großes Lebensziel, einmal «der Innenminister» zu sein, möglichst schon in Bonn, zumindest aber in seiner Landeshauptstadt.

Nur eines störte ihn: daß es in dieser Rolle beinah unabdingbar war, eine Ehefrau zu haben. Das brauchte man nun einmal, um der Welt zu zeigen, wie sehr man an den deutsch-christlich-abendländischen Zentralwerten hing, Familie, Kinder und so weiter, aber auch, um ja nicht in den Verdacht des Schwulseins zu kommen. Das war er nicht, obwohl er sich in der Gesellschaft von Männern viel wohler und viel freier fühlte als inmitten aufgeputzter, schnatternder und süßlich parfümierter Frauen, und wenn er sexuelle Kontakte einmal nicht vermeiden konnte, dann war er sehr darauf bedacht, daß am nächsten Morgen alles abgeschlossen war, denn er wollte die Herrschaft über sich mit keinem anderen Menschen teilen. Es sei denn, ja: wenn schon, denn schon, nur die Tochter eines Mannes, der ihm beim Aufstieg weiterhelfen konnte.

Geplant und programmiert war also alles, und dennoch

war sich Katzert klar darüber, daß es wohl einer Initialzündung bedurfte, eines Zufalls, diesen Prozeß so richtig anlaufen zu lassen, für den ersten Schub zu sorgen. Und dies war, wie er schnell durchschaute, im Falle der verschwundenen Testamente durchaus möglich.

Um die Täter, die Dr. Babekuhls Tresor geknackt und das Emil Nolde-Bild erbeutet hatten, bei Londoner Auktionären mit 1,6 Millionen taxiert, war es schnell geschehen: Interpol hatte sie auf dem Flugplatz Zürich-Kloten gefaßt, noch ehe Katzert oben in Bramme der fast geheime Auftrag erteilt worden war, die Videokassetten samt Erpresser zu suchen und baldmöglichst zu finden. Schon die ersten Verhöre durch die Schweizer Kollegen ergaben, daß die drei Männer aus Bramme nichts weiter mitgenommen hatten als das Gemälde, total desinteressiert an allem anderen, ohne jede Ahnung von den ominösen Kassetten. Dies war als Parameter zu nehmen, als feste Größe.

Blieb also nur, nach einem zu suchen, der nach den eingeflogenen Profis und vor der Polizei in den Babekuhlschen Räumen zur Nachlese aufgetaucht war.

Katzerts Puzzle-Teile sollten sehr bald schon ein klares Bild ergeben:

1. Die Tresorknacker hatten die Anwaltskanzlei gegen vier Uhr morgens verlassen, und ihre «Nachfolger» waren wahrscheinlich durch Zufall dahintergekommen, daß es da noch einiges an Ernte gab. Frage also: Wer zog am Samstagmorgen gewohnheitsmäßig durch die Straßen? Antwort: Busfahrer, Bundesbahner, Bäcker, Zeitungsausträger und einige Angehörige anderer Berufe mit frühem Arbeitsbeginn.

2. Die Haustür war verschlossen gewesen, nicht aufgebrochen. Frage: Wer verfügte über einen Schlüssel? Einige

der Angestellten der sechs im Haus vertretenen Firmen, der Hauswart, zwei Putzfrauen, der Zeitungsausträger.

3. Da alle anderen unter 2) genannten Personen auf den ersten Blick den berühmten guten Leumund hatten, blieb zunächst der Zeitungsträger, auch unter 1) derjenige, dessen Gang ins Haus die weitaus höchste Wahrscheinlichkeit hatte. Frage: Wer war das denn in diesem Fall? Antwort: Ein gewisser Mirko Schlieper.

4. Gab es wohl schon *Erkenntnisse* über diesen Mirko Schlieper? Ja. Mehrere Vorstrafen; zuletzt als Zeuge im sog. «Müllkippen-Prozeß» mit einer Ordnungsstrafe bedacht.

Als Katzert an diesem Punkt angekommen war, ging er ins Archiv des *Brammer Tageblattes*, um sich in dieser Sache kundig zu machen und las dort mit hohem Interesse von Monas Freitod und dem, was man gegen die beiden OTCler alles an Vorwürfen vorgebracht hatte, fand sich fast unterfordert dabei, daraus nun Mirkos Motive folgerichtig herzuleiten; zu klar war der auf Rache aus, aber auch auf schnelles Geld.

Merkwürdig: In der Sekunde, da er den Namen Mirko Schlieper las, war ihm mit einem Schlage klar, daß das der Täter war; bei jedem anderen, da hätte er gezögert. Mirko. Er wußte es eben. *He is my destiny*... Aber glaubte er an das, was man *Vorsehung* nannte?

«Destiny...? Heißt das nicht auch, obwohl mein Englisch mit meinem Latein nicht Schritt halten kann, heißt das nicht gleichermaßen auch *Verhängnis*, nicht nur Schicksal und Geschick?»

«Mag sein. Doch Sie unterstellen Katzert/Catzoa und

damit Truper ein wenig zuviel an mystischen Verwurzelungen; er scheint mir ziemlich rational.»

«Astrologisches war für ihn niemals bloßer Unfug?»

«Wie denn auch?»

«Ich meine schon: allemal!»

«Die Reduktion allen irdischen Geschehens auf die Kategorie des bloßen Zufalls kann doch wohl keinen Menschen mit einem Über-hundert-IQ irgendwie zufriedenstellen?»

«Doch: *mich*! Nichts anderes gilt bei mir im ganzen Kosmos. Und hätten Sie, Catzoa, dieses ebenfalls geglaubt, dann...»

«Das ist doch wieder reiner Truper, das Kapitel, das wir ausgelassen haben!»

«Gut, bleiben wir bei dem, was wir eben noch mal durchgegangen sind. Bewundernswert, wie er es hier verstanden hat, Ihre Arbeit so minutiös und faktengenau vor uns auszubreiten, als hätte er sie selber getan; eine Meisterleistung an Introspektion!»

«Ich würde eher sagen: eine Meisterleistung an mieser Collage aus Fakten und Verleumdung! Sicher verwendet er Tatsächliches, von Mike könnte er es haben und aus den Protokollen, die man ihm zugespielt hat, aber das benutzt er doch nur zur Irreführung der anderen: Wenn A wahr ist, dann doch sicher auch B. Wenn sich Mikes Dingfestmachung haargenau so abgespielt hat, wie in meiner Novelle wiedergegeben, wenn ich in diesem Punkt recht habe, so habe ich auch recht in meiner Charakterisierung des Herrn Katzert beziehungsweise Catzoa. *Das* ist sein Taschenspielertrick!»

«Fast ist es doch auch eine Laudatio auf einen Mann, der so viel mehr als Durchschnitt ist...»

«Zum Dämonen macht er mich!»

«Ich verstehe: Ihre Strategie zielt eindeutig auf eine Märtyrerrolle...»

«Ich will Gerechtigkeit, mehr nicht!»

«Ein bestimmt nicht unbescheidener Wunsch... Aber bin dennoch der letzte, der sich nicht mühte, ihn zu erfüllen.»

«Dann lesen Sie bitte Trupers Schlußkapitel mit besonders großer Vorsicht.»

«Ich glaube nicht, daß ich das bisher versäumt hätte...»

Es war wie ein ritueller Kriegstanz, den sie da im alten Tante-Emma-Laden aufführten, Mirko und Katzert, ständig Finten und ausfallartige Attacken, ständig Ausweichmanöver erprobend.

Katzert wußte, daß Mirko die Kassetten besaß und mit ihnen die Macht über zwölf bis fünfzehn Männer aus Brammes innerstem Zirkel, und Mirko seinerseits wußte, daß Katzert es wußte. Doch was nützte Katzert alles Wissen, wenn ihm Beweise fehlten; und die Kassetten ruhten sicher in Mirkos Versteck, hatte er doch geahnt, daß die Polizei eines Tages zu ihm kommen würde, geleitet von ihren Erkenntnissen aus der Müllkippen-Akte.

Was blieb Katzert anderes als zunächst reine Routine.

Wo er sich, Mirko, denn an jenem Abend aufgehalten habe, als Wrohms letzter Wille im Schaufenster beguckt werden konnte?

Beim Freundschaftsspiel des TSV im Brammer Stadion, hier sei sein Ticket und Zeugen gäbe es in Hülle und Fülle.

Katzert nickte, notierte auch Namen, doch lustlos, denn dieser Scene, bullenfeindlich wie sie war, ließ sich ganz sicher nichts entlocken, was Mirko irgendwie geschadet hätte.

Wie es denn am Morgen nach dem Einbruch bei Dr. Babekuhl eigentlich zugegangen sei?

Da habe er die Wochenendausgabe, wie immer, unter der Fußmatte... Ansonsten nichts Besonderes.

Katzert wünschte sich eine stete Kamera-Überwachung aller Bundesbürger, rund um die Uhr und überall; nur sie hätte hier noch helfen können.

Ob er sich mal in Mirkos Wohnung umsehen dürfe? Aber ja, bitte sehr. Zu finden war nichts, außer einer tollen BMW K 100 hinten auf dem Hof, einem Motorrad, das Mirko für 'n Appel und 'n Ei in Verden gekauft haben wollte, und zwar von einem nicht mehr namentlich bekannten Rocker aus der Gegend Aurich/Leer. Kein Grund für Katzert, da noch weiter nachzuhaken, denn nur von der Vorführung der Wrohmschen Kassette wußte er ja, nicht aber davon, daß Hoikendorf schon erpreßt worden war.

Viel zu sagen gab es nicht mehr, die Testaments-Kassetten waren Stadtgespräch, die Gerüchteküche brodelte, Mirko hatte sich in aller Ruhe vorbereiten können, war unmöglich noch zu überrumpeln; und doch versuchte es Katzert. Er bräuchte dringend Geld und gäbe viel darum, hier in Bramme mehr Macht über die Menschen zu haben, und würde aus diesen gewichtigen Gründen gerne Mirkos Kompagnon werden, miteinsteigen in dessen Geschäft.

Was für ein Geschäft denn wohl?

Na, Hoikendorf und die anderen OTC-Mitglieder, die betroffen waren, hätten, um nicht so schrecklich bloßgestellt zu werden, dekuvriert, wie sie das nannten, 100 000 Mark geboten, wenn sie die Kassetten in die Hand bekämen; und er, Katzert, könne das alles vermitteln, ohne daß

Mirko da irgendwie Gefahr liefe, vielleicht geschnappt zu werden, garantiere ihm die Hälfte des Geldes und absolute Straffreiheit, das heißt, die amtliche Bestätigung, daß nicht der geringste Verdacht auf ihm laste. Völlig lautlos könne das dann ablaufen, zum Nutzen aller.

Mirko schwankte, wohl wissend, daß sie ihn gnadenlos jagen würden, womöglich auch mit Hilfe eines irgendwo gekauften Profikillers, daß er für jede Mark, die er nun ausgab, Rechenschaft ablegen mußte. Da hätte er sich verkalkuliert.

So war er unschlüssig; und für Katzer dauerte es viele Sekunden zu lange. Dann aber sagte er nein, weil er Katzert nicht traute. Alles roch nach einem Trick und einer Falle, obschon korrupte Polizisten so selten auch nicht waren, um da alles völlig auszuschließen. Hätten die Erpreßten einen der Ihren zu ihm geschickt, dann wäre alles ganz anders gelaufen, so aber, ein Geschäft mit diesem Bullen: nein! Katzert wollte weiter nach oben in Bramme, unbestreitbar, doch um sich selber solchen Ballast anzuhängen, da war er doch zu klug dazu. Also war alles nur eine Finte.

Beide sahen sich an, ein jeder durchschaubar, regungslos erstarrt in schönstem Patt, sich gegenseitig blockierend. Mirko kam nicht an das große Geld heran, und Katzert wurde nicht der Senkrechtstarter, der er wohl geworden wäre, hätte er seinen Auftraggebern die Videokassetten wiederbringen können.

«Nun, Katzert / Catzoa?»

«Sicher haben wir Mike, den Zeitungsträger, im Fahndungsraster erfaßt, war ja auch sehr naheliegend, doch niemals habe ich so hundertprozentig geglaubt, wie Truper das schreibt, nur er könne derjenige sein, der über die Kassetten verfügt. Fragen Sie alle meine Vorgesetzten, meine Kollegen: immer habe ich meine Zweifel gehabt, ja, Mirko des öfteren sogar offen verteidigt!»

«Nicht ohne Absicht...»

«Und das ist auch der große Denkfehler Trupers, daß er Mirko in seiner Novelle nicht mehr gestehen läßt, nicht sogar alles, im Affekt vielleicht.»

«Das hätte ihm auf alle Fälle die Pointe verdorben!»

«Da haben Sie's wieder: deswegen nur spielt er mit seinen Figuren, schiebt sie beliebig hin und her, fern der Realität!»

«Das eine impliziert doch das andere nicht mit letzter Logik! Aber lesen wir noch weiter nach...»

Es war vier Uhr morgens, als Thomas Katzert aus dem Schlaf gerissen wurde und am Telefon erfuhr, daß es Arbeit gab: In der Brammermoorer Heerstraße sei ein bekannter Geschäftsmann, mit einem Aktenkoffer voller Geld zum Flugplatz und auf dem Weg nach Zürich, mit mehreren Schüssen niedergestreckt worden. Die Täter, wohl zwei, müßten noch zu Fuß zwischen Fluß und Bahn, in der Altstadt anzutreffen sein, da sich ihr Fluchtauto nach einer Karambolage als nicht mehr fahrtüchtig herausgestellt habe.

Katzert zog sich seine Sachen über, noch immer unheimlich schnell, doch insgesamt viel schwung- und lustloser als vor seinem großen Mißerfolg im Falle der Kassetten, im Falle Mirko Schlieper. Er war das, was sie einen *Siegertyp* nannten, und hatte das Verlieren nicht gelernt, verfügte über so wenig an sogenannter *Frustrationstoleranz*, daß er krank geworden war: die Magenwände hatten sich entzündet. Nervös war er, gereizt, übellaunig, unzufrieden mit sich und der Welt. So groß die Hoffnungen seiner Auftraggeber waren, die sie in ihn gesetzt hatten, so enttäuscht waren sie nun. Die Zeitbombe war weiter am Ticken, konnte jeden Tag explodieren; und wenn Katzert ihnen erzählt hatte, daß Mirko in absehbarer Zeit garantiert nichts unternehmen werde, was die Kassetten betraf, weil er unter ständiger Beobachtung stünde, so war das wahr und falsch zugleich, denn niemand konnte ja verhindern, daß er die Kassetten nach und nach verkaufte, an andere, die dann durchaus kassieren konnten, ohne aufzufallen, die alle Chancen hatten, noch andere Testamente vorzuführen, um ihre Opfer unter Druck zu setzen.

Nichts war es mit dem erhofften Senkrechtstart, zum Versager war er geworden.

Derart schlecht gelaunt, machte er sich auf zum Einsatzort, erfuhr dann dort, daß die beiden Täter nun in einem Parkhaus einen Pkw gestohlen hätten, einen dunkelblauen BMW, und jetzt versuchen würden, den um die Innenstadt gelegten Riegel an irgendeiner Stelle zu durchbrechen.

Katzert schnappte sich einen Dienstwagen, nahm sich den bestmöglichen seiner Männer, den Kollegen Stoffregen, als Partner und begann, die Straßen zwischen Wall und Brammer-Fluß systematisch durchzukämmen.

Am Albert-Schweitzer-Gymnasium passierte es dann, daß sie zwei Putzfrauen trafen, die nicht nur einen ungewöhnlich maskulinen Eindruck machten, sondern auch noch in einen großen Audi stiegen, anstatt den Bus zu nehmen.

Der Versuch, die Ausweise zu sehen, endete mit der schnellen Flucht der beiden «Damen». Katzert gab Gas, bereit, alles zu wagen, die beiden Totschläger unbedingt zur Strecke zu bringen, ein paar Pluspunkte zu sammeln nach seinem tiefen Sturz ins Mittelfeld hinunter: *Mirko*! Der Junge hatte ihn erledigt, kaltblütig abgeknallt.

Larmoyanz erfaßte Katzert, und er nahm das Tempo zurück. Wozu das alles? Abgestempelt war er nun als die große Lusche, nichts mehr brachte ihn wieder nach oben. Der Daumen zeigte nach unten, Brammes Machtelite war verprellt, verzieh ihm nie, daß sie noch immer zittern mußte.

Doch noch war nicht alles erloschen in ihm; er haßte sich, weil er so schlaff, so weinerlich war. Und dieser Selbsthaß heizte seinen Willen an, durchzuhalten und zu kämpfen, brachte ihn dahin, sich aufzubäumen gegen ein Schicksal, das ihn im bloßen Mittelmaß versinken ließ.

Zwei-, dreihundert Meter hatte er verloren, nun trat er noch einmal das Gaspedal durch, wagte alles, ein Formel I-Fahrer, wieder zum Siegen entschlossen.

Und was dann geschah, war eigentlich nur eine Sache von zehn, zwanzig Sekunden, doch für ihn lief das alles in endlos gedehnter Zeitlupe ab, ein Alptraum, ewigkeitslang.

Die beiden Gangster hatten die Auffahrt zur Brücke erreicht und keine Chance mehr gesehen, durch die Barrieren grün-weißer Polizeiwagen hindurchzustoßen, waren dann, sich einmal um sich selber drehend, den schußbereiten Schnellfeuerwaffen noch einmal entkommen, rasten nun wieder in die Altstadt zurück, direkt auf Katzert zu.

Da war er endlich, der Augenblick seines Lebens, in dem sich alles entschied. Rechts und links haltende Laster und Busse. Eine Schneise blieb ihm, und da flog der Wagen der andern wie ein Geschoß auf ihn zu.

Kein Ausweg mehr!

Doch. Rechts war eine Parklücke geblieben, da konnte er, da mußte er rein.

Aber da stand jemand und wartete, einen kleinen Zeitungskarren neben sich: Mirko, Mirko in seinem Revier.

Katzert wußte, daß er damit sein Spiel gewonnen hatte, riß den Wagen scharf nach rechts, wurde von den Gangstern nur noch ein wenig gestreift.

Mirko war tot.

«Das zu schreiben ist ja nun das letzte an Infamie!»

«Sie waren bestens angeschnallt, und die Gangster hatten ihr Tempo schon merklich vermindert. Außerdem hätten Sie noch nach links fahren, ausweichen können, da ist eine viel breitere Lücke hinter einem Linienbus gewesen; ich habe die Fotos hier und die Skizzen...»

«Es ist ein Unfall gewesen!»

«Ein Mord!»

«... das ist nun der Dank, daß ich zwei Totschläger eliminiert habe, zwei Mörder, daß ich mein, daß ich unser Leben dabei aufs Spiel gesetzt habe! Das ist die Dankbarkeit des Staates, für den ich...»

«... apropos: Dank und Dankbarkeit...! Sie erinnern sich ganz sicher an mein Beispiel von vorhin, wie Leverrier aus der Abweichung in der Bahn des Uranus auf den bis dahin unbekannten Neptun kommen konnte... Und ich habe da von bestimmten Abweichungen in Ihrer Lebensbahn gesprochen... Anderthalb Jahre ist Mike nun tot, und Sie, Catzoa/Katzert sind seither immer schön befördert worden, haben eine gewisse Ann-Kathrin Hoikendorf zur Frau bekommen und wohnen jetzt nicht mehr in einer kleinen Einzimmerwohnung, sondern in einem großen Haus am Deich ... Gestatten Sie mir bei diesem Tatbestand, mich über die Entdeckung *meines* Neptuns herzlich zu freuen, obwohl ja das eigentliche Verdienst dabei unserm R. C. Truper zufallen dürfte ...»

«Sie freuen sich zu früh, denn sollte es wirklich die Wahrheit sein, die Sie da gefunden haben wollen, so ist dies eine Ware, die hierzulande kaum noch einen Käufer finden wird ...»

Hansjörg Martin

EIN RABE AUF DER SCHULTER

I.

Falls mich jemand fragen würde, ob ich abergläubisch bin, müßte ich sicher nicht lange nachdenken.

«Nein!» würde ich sagen.

Ich murmele zwar gelegentlich: «Unberufen, toi, toi, toi!» – und klopfe an Holz, und ich würde gewiß auch zögern, eine Seereise an einem Freitag, dem 13., anzutreten, und ich zwinkere, wenn mir eine schwarze Katze (– von links nach rechts, was Schlechts! –) über den Weg läuft... Aber abergläubisch bin ich eigentlich nicht.

Das merkwürdige und unerklärliche Erlebnis vor dem Fernsehschirm – am späten Abend des 13. – ja, 13. – November vorigen Jahres gibt mir jedoch im nachhinein zu denken; und wenn ich nicht ein erwachsener Mann von immerhin 26 Jahren und noch dazu ein Kriminalbeamter wäre, würde mir vielleicht sogar jetzt noch ein kalter Schauer über den Rücken laufen.

Denn ich habe an jenem Abend den Tod Hubert Schindlers vorausgesehen. Etwa zehn Sekunden lang saß ein schwarzer Rabe auf seiner Schulter, was – so sagen die alten Leute hier in der Gegend – den baldigen Tod bedeutet.

«Guck doch! Nun komm doch mal schnell, Hilde!» habe ich aufgeregt gerufen – aber sie war gerade aus dem Zimmer gegangen, und als sie wieder hereingelaufen kam, hatte das Bild auf dem Fernsehschirm schon gewechselt. Der Ansager gab die Zahlen vom Mittwochslotto bekannt. Gewonnen hatte ich nicht, weil ich nicht mitspiele. Jedenfalls mittwochs nicht. Und wenn ich gewonnen hätte, würde mich das an jenem Abend bestimmt nicht so aufgeregt haben, wie mich der Rabe auf Huberts Schulter aufgeregt hatte, dieser schwarze Rabe, den ich etwa zehn Sekunden lang auf der nackten, rosafarbenen, schweißglänzenden Schulter meines ehemaligen Schulkameraden Hubert Schindler, den wir ‹Huschi› riefen, sitzen sah.

«Was ist denn los?» fragte Hilde. «Warum schreist du so? Hat er gesiegt?»

«Ja, ja», sagte ich, «Huschi ist Weltmeister! Er hat den Brasilianer nach Punkten ... aber –» ich wußte nicht weiter.

Es war ausgeschlossen, ihr das mit dem Raben zu erzählen. Sie hätte den hübschen Kopf in den Nacken gelegt, mich aus schmalen Augen angeschaut, mit einem Seitenblick den Pegelstand in der Cognacflasche kontrolliert, und vielleicht sogar nach meiner Stirn oder nach meinem Puls gefaßt, um festzustellen, ob ich vielleicht fiebere.

«Was aber?» fragte sie.

«Nun, das ist eine Sensation!» sagte ich schnell, weil ich irgendwas sagen mußte. «Der erste Deutsche seit ... ich glaube, seit Max Schmeling, der Schwergewichtsweltmeister ist. Du wirst sehen, daß ganz Endwarden Kopf steht vor Begeisterung über den großen Sohn der Stadt!»

«Du sagst das so ... so abfällig. Du kannst ihn nicht leiden, nicht wahr?» wollte Hilde wissen.

«Er ist ein ausgesprochenes Ekelpaket», gab ich zu,

«schon in der Schule war Huschi ein richtiger Kotzbrocken, einer von denen, die Schwächere drangsalieren, um den Mädchen zu imponieren. Einer von denen, die es mit dem großen Maul schaffen und mit dem Geldbeutel – oder in diesem Fall besser Geldsack – ihres Vaters!»

«Ich hab keine Ahnung», sagte Hilde, «ist denn der Erzeuger des neuen Weltmeisters ein reicher Mann?»

«Und ob», gab ich zurück, «ihm gehört die Fleischwarenfabrik unten am Fluß und das Hotel neben dem Rathaus und das Gut Schönwalde, wo immer die Reitturniere sind und... und... und... und im Kreistag war der Alte auch schon und Vorsitzender von einem Dutzend Vereinen ist er heute noch und – na ja, jetzt Vater eines Weltmeisters im Schwergewichtsboxen...»

Ich mußte mir auf die Zunge beißen, um nicht hinzuzufügen, daß er höchstwahrscheinlich nicht mehr lange leben würde, der Weltmeister – weil ich doch auf seiner nackten, linken Schulter einen Raben hatte sitzen sehen... zehn Sekunden lang, als der Ringrichter den rechten Arm des Siegers hochhob und irgendwas auf englisch rief, das im Beifallsgejohle der weiß nicht wieviel tausend Zuschauer in der Riesenarena irgendwo in Amerika unterging.

Immer vorausgesetzt, es stimmt, was die alten Leute hier in der Gegend sagen: daß ein Rabe auf der Schulter den baldigen Tod ankündigt.

Ich trank noch einen letzten, den dritten Cognac des Abends, schaltete die Glotze aus und rief mich energisch zur Ordnung.

‹So ein Unsinn›, sagte ich zu mir, ‹so ein abergläubischer Quark!› – und ertappte mich fünf Minuten später dabei, wie ich im Badezimmerspiegel meine linke, nackte Schulter betrachtete.

II.

Mit meiner Prophezeiung, daß die Stadt Endwarden vor Begeisterung über ihren Boxweltmeister kopfstehen würde, behielt ich recht. Es wurde noch viel schlimmer, als ich gedacht hatte. Schon in der Nacht nach der Siegesmeldung ging der Affentanz los. In den Spätnachrichten hatten sie es gebracht, eine halbe Stunde darauf – etwa zu dem Zeitpunkt, als ich vor dem Spiegel zwinkernd meine linke Schulter angeschaut hatte – klingelten in den drei Hotels Endwardens bereits die Telefone.

Im *Deutschen Haus* – Schindlers Hotel – reservierte der eine Fernsehsender allein sechs Zimmer für vier Tage. Im Hotel *Zur Linde* belegte eine Illustrierte drei und gleich danach ein Boulevardblatt alle restlichen freien Zimmer und im Hotel *Schöne Aussicht* – dessen Fenster nach Osten auf die Brandmauern des Amtsgerichts und Untersuchungsgefängnisses gehen. Nach Westen zeigen sie auf die Betonschönheit der in Konkurs gegangenen Gummiwaren-Werke, die aber wegen des derzeitigen Konjunkturaufschwungs bald wieder eröffnet werden sollen. Man munkelt, Vater Schindler habe da auch die Finger im Spiel. Im Hotel *Schöne Aussicht* also waren noch vor Mitternacht sämtliche verfügbaren Betten vom zweiten Fernsehsender und von einer Presseagentur angemietet worden.

Auf dem Weg zu meiner Dienststelle, den ich meist zu Fuß zurücklege, weil die achthundertfünfundvierzig Schritte – fünfundsechzig mal dreizehn Schritte, ich habe sie gezählt – weniger Zeit kosten, als das Auto aus der Garage holen zu müssen und ich, der Einbahnstraßenregelung wegen, etwa drei Kilometer fahren müßte... fahrradfahren ist was für gesundheitsbewußte Lehrer.

Auf dem Wege also traf ich den quirligen Lokalreporter des *Endwardener Tageblatts*, einen hageren Menschen namens Erich Vetthake. Er hatte rote Flecken im Gesicht, also war er aufgeregt.

«Hubert Schindler, Kommissar, wissen Sie schon!» rief er mir entgegen.

«Ja», sagte ich, «das ist doch toll für Sie, Herr Vetthake! Viel Arbeit, viel Zeilengeld, gut bezahlte – wie heißt das? – Hintergrundinformationen für die gesamte Weltpresse! Sie werden reich und berühmt, mein Bester!»

«Einen Scheiß werd ich!» schimpfte er. «Die Aasgeier haben bereits alles blockiert! Aus Hamburg sind schon acht oder zehn da, und aus Berlin kommen welche und aus München und sonstwo her – mit dicken Scheckbüchern allesamt! Die zahlen für alles, was irgendwie mit Schindler zu tun hat, irre Summen! Dagegen kann unsereiner nicht an! Das alte Fräulein Siebenhaar zum Beispiel, wissen Sie...»

«Ja, ja, die pensionierte Zeichenlehrerin», sagte ich, «was ist mit der?»

«Die hat an einen der Scheckbuchkollegen heute früh schon Kinderzeichnungen von Schindler verkauft. So 'n Zeug aus der Schule: abgemalte Eichenblätter und so was. Hundert Mark hat der pro Stück bezahlt... das ist bescheuert, Herr Kommissar!»

Er hatte sich richtig in Rage geredet. Die roten Flecken auf Wangen und Stirn flammten.

«Aber Sie können doch mit dem alten Schindler reden», sagte ich, «daß er Ihnen –»

«Hören Sie bloß auf!» rief Vetthake wütend. «Ich hab ihn angerufen. Seine Sekretärin sagt, der Herr Schindler sei für die Medien nicht zu sprechen! Dabei steht der Ü-Wagen vom Fernsehen seit anderthalb Stunden vor seiner Villa, und die Autos der Illustriertenfritzen warten auch schon vor der Fabrik ... nee, Herr Kommissar, der hat bestimmt ein paar hunderttausend oder noch mehr Mäuse rausgeschlagen für die Exklusivrechte. Da läuft für uns kleine Pinscher nix mehr!»

Der arme Kerl! Er tat mir richtig leid. Da öffnete sich quasi vor seinen Füßen eine Goldader – und ehe er noch die Schaufel in die Hand nehmen konnte, hatten andere, rabiatere Männer seiner Zunft den Claim abgesteckt, und ihm blieben bestenfalls ein paar schäbige Nuggets.

Ich wollte ihm gerne helfen, denn er war ein fairer Mann und hatte sich schon manchmal als zuverlässig erwiesen, wenn es darum gegangen war, brisante Einzelheiten zu einem Fall nicht in die Öffentlichkeit zu posaunen. Außerdem bewunderte ich den langen Dünnen seiner erstaunlichen Zivilcourage wegen, die er unter anderem im Jahr zuvor damit bewiesen hatte, daß er das türkische Mädchen Muhibbe Üzkül heiratete, ein apartes Mädchen, dessen Eltern vor zwei, drei Jahren bei einem Autounfall ums Leben gekommen waren. Von einem despotischen Onkel schikaniert, hielt sie sich über Wasser, weil sie als Putzfrau arbeitete. Auch in der Redaktion des *Tageblatts*, wo Erich Vetthake sie kennengelernt und sich verliebt hatte. Über die Liaison war viel geklatscht worden in unserer Stadt, auch die Türkenfamilien waren gegen die Heirat gewesen, und als der Reporter das Aufgebot bestellte und Muhibbe zur Frau nahm, war die Ablehnung groß gewesen, was ihm das Leben und auch die Arbeit schwergemacht, ihn jedoch nicht irritiert hatte.

Mir fiel was ein.

«Ich habe noch ein Foto aus der Schulzeit, Herr Vetthake», sagte ich. «Da ist Schindler drauf, wie er gerade den ersten Preis für irgendwas Sportliches kriegt! Das könnte ich Ihnen geben!»

«Wer hat das fotografiert?» fragte Vetthake.

«Ich glaube, Pierwitz, der alte Fotograf, der immer auf allen Schulfesten geknipst hat!» sagte ich.

Der kleine Hoffnungsschimmer, der in Erich Vetthakes Gesicht aufgetaucht war, erlosch.

«Pierwitz...», sagte er mutlos, «den haben sie heute früh halb sieben aus dem Bett geklingelt und sein ganzes Archiv durchgestöbert. Für jedes Foto, auf dem Schindler ist, oder das irgendwas mit Schindler zu tun hat, kriegt er viel Geld. Insgesamt ist das wahrscheinlich so viel, daß er die nächsten paar Jahre auf keinem Schulfest zu knipsen braucht!»

«Und wie steht's mit dem Verein?» fragte ich. «Seine Karriere hat doch beim TSV angefangen, in der Jugend-Boxstaffel, oder wie das heißt. Ist da keiner, der alte Fotos hat oder berichten kann, wie ihn Schindler k. o. geschlagen hat? Oder ein Trainer, ein Sparringspartner... was weiß ich?»

«Das ist eine Idee!» rief der Lokalreporter Vetthake und schlug sich mit der flachen Hand an die Stirn. «Daß ich da nicht selber drauf gekommen bin! Danke, Herr Kommissar!» – und lief davon, als ob er auf der Flucht wäre.

Ich sah ihm nach. Wahrscheinlich hatten ja die taffen Zeitungsjungs aus der Großstadt auch diese Quelle längst unter Kontrolle, aber vielleicht konnte sich Vetthake doch noch irgendein Stückchen von dem Kuchen abschneiden. Ich drückte ihm die Daumen und ging weiter.

Im Büro überschlugen sich auch schon die Wellen der Begeisterung.

«Haben Sie gehört?» rief mir der junge Kollege Andersen entgegen, ehe ich noch über die Türschwelle war.

Er strahlte.

«Nein! Was?» Ich spielte den Ahnungslosen.

«Hubert Schindler! Weltmeister ist er!» Seine Stimme kiekste vor Begeisterung.

«Ach so», sagte ich betont gleichgültig.

«Aber... aber das ist doch echt irre!» rief Andersen und sah mich an, als sei ich nicht ganz bei Trost, weil mich die Nachricht offensichtlich kalt ließ.

«Jaja... echt irre!» sagte ich und fragte: «Kennen Sie ihn?»

«Nein – nicht persönlich, leider!» erwiderte er. «Ich bin ja erst zwei Jahre hier. Da war er schon deutscher Meister und lebte in Hamburg. Aber er wird doch bestimmt herkommen – hierher, in seine Vaterstadt... oder? Wenigstens zu Besuch. Ein Boxweltmeister im Schwergewicht hier in Endwarden – also, das ist... das ist...»

«Echt irre! Sie haben es schon mal gesagt!» sagte ich, setzte mich an meinen Schreibtisch und fragte: «Gibt's sonst was Neues?»

«Nein», erwiderte Andersen enttäuscht. «Aber das ist ja wohl Neuigkeit genug, nicht wahr?»

«Ich bin mit Huschi – Hubert Schindler – in die Schule gegangen», sagte ich «er war in der Parallelklasse, obwohl er über ein Jahr jünger ist als ich. Das liegt daran, daß ich mal sitzengeblieben bin...»

«Dann... dann... aber dann kennen Sie ihn ja doch persönlich, Chef!» sagte der junge Andersen fast atemlos vor Aufregung.

«Und ob!» gab ich zurück. «Aber ich werde seinen möglichen Besuch in seiner Vaterstadt trotzdem überleben!»

«Wie bitte?» Er glaubte, sich verhört zu haben. «Überleben? Das ist doch nicht lebensgefährlich, wenn ein Boxweltmeister nach Hause kommt? Oder wie meinen Sie das, Chef?»

Ich zuckte mit den Schultern.

Das Telefon klingelte und enthob mich einer Antwort. Ich griff nach dem Hörer.

III.

Hubert Schindler kam am frühen Freitagnachmittag nach Endwarden, zwei Wochen nach seinem Sieg. Es war klar, daß dieses Ereignis, die ‹Heimkehr des Weltmeisters›, von seinem offenbar sehr geschickten Manager raffiniert getimt war, denn so konnten die Fernsehleute ihre Berichte noch ins Freitagabendprogramm – also zur besten Sendezeit – hieven, die Tageszeitungen waren in der Lage, Texte und Fotos in die Sonnabendausgaben zu bringen. Für die große Illustrierte, die für einen sechsstelligen Betrag die Exklusivrechte gekauft hatte, war es somit möglich, das farbige Titelbild und den mehrseitigen Farbbericht von dem großen Ereignis am Mittwoch der nächsten Woche im Heft zu haben.

Ein perfektes Timing! Richtig schade, daß es platzte, weil Huschi am Montagvormittag tot war, und die anderthalb Millionen Titelblätter und viereinhalb Millionen Farbseiten noch ausgewechselt werden mußten, denn sie konnten ja nun wirklich nicht gut den strahlenden Sieger präsentieren, der inzwischen bereits in Verwesung überging.

Doch ich will nicht vorgreifen.

Am frühen Freitagnachmittag also fuhr Hubert Schindler, pünktlich, wie angekündigt, kurz nach vierzehn Uhr in Endwarden ein. Das heißt, er fuhr nicht selbst, den riesigen zweifarbigen Cadillac – unten pink, oben vanillecremebeige – lenkte ein Chauffeur, der aussah, als sei er früher auch mal Boxer gewesen, solche Blumenkohlohren hatte er.

Neben ihm saß Huschi in einem deutlich teuren Alpaka-Anzug, mit einem langen roten Seidenschal um den Hals, wie ein Operettentenor, und mit einem breitkrempigen Strohhut über den bierdeckelgroßen Sonnenbrillengläsern. Ein Geruch von Mafia umgab ihn, nur war sein Jackett nicht von einer Baretta ausgebeult.

Hinten im Fond saßen zwei weitere Mafiosi. Der eine war ein fetter Mann mit wulstigen Lippen, Huschis Manager Bobo Miller, ein Deutsch-Amerikaner aus Los Angeles.

Der andere – Hugo Tammen, Trainer und Schindlers Sparringspartner zugleich – hatte dem Vernehmen nach eine Art Vater- oder besser: Großer-Bruder-Rolle übernommen.

Das rosa-beige Automobil besaß ein Schiebedach, so daß Hubert Schindler sich auf seinen Sitz stellen konnte, als sie das Transparent am Ortseingang passiert hatten, auf dem ‹Willkommen, Huschi!› in großen Buchstaben stand und darunter, eine Handbreit kleiner: ‹Endwarden grüßt seinen Weltmeister!›

Die Idee zu diesem Transparent stammte vom Vorsitzenden des Turn- und Sportvereins, einem rührigen Textilkaufmann der Stadt, in dessen Geschäft auch die gesamte Ausrüstung aller TSV-Aktiven, vom turnenden Kleinkind bis zum joggenden Großvater, zu haben war.

Fast alle Häuser der Hauptstraße waren geflaggt. Neben den obligatorischen Schwarzrotgold-Fahnen wehten die Farben des Bundeslandes und flatterten TSV-Wimpel, die der rührige Vereinsvorsitzende zu einem Sonderpreis auf den Markt geworfen hatte. Ein paar Meter hinter dem ‹Willkommen›-Transparent standen zwei Polizei-Motorradfahrer in Weiß. Sie setzten sich vor den Cadillac und geleiteten ihn zum Marktplatz, wo bereits ein paar hundert Endwardener warteten, um den großen Sohn der kleinen Stadt begeistert zu begrüßen. Die Rathaustreppe war mit Tannengrün und Blumen bekränzt. Auf drei Balkonen links und rechts des Rathauses standen Fernsehkameras. Zwei Ü-Wagen hatten sich vor dem Ratskeller postiert. Drei oder vier Dutzend Reporter mit Fotoapparaten oder Mikrofonen störten die versammelte Jubelmenge, gaben aber zugleich allen Anwesenden das Gefühl, Zeuge eines großen Ereignisses zu sein.

Ich erlebte den Auftritt, richtiger, die Triumphfahrt Schindlers, von einer Art Logenplatz aus, weil ich, zusammen mit den Honoratioren Endwardens, der Einladung des Bürgermeisters gefolgt war, den ‹jungen Stolz der Stadt› im Rathaus zu empfangen. Gemeinsam standen wir an den hohen Fenstern des wappengeschmückten Ratssaales, in dem sonst das Stadtparlament tagte, und schauten von oben zu, wie der knapp Fünfundzwanzigjährige im bonbonfarbenen Straßenkreuzer vorfuhr und den fähnchenschwenkenden TSV-Kindern zuwinkte, ausstieg, vom Stadtdirektor begrüßt und die Treppe hinauf ins Innere des ehrwürdigen, immerhin dreihundert Jahre alten Gebäudes geführt wurde. Seine Begleitung folgte nach kurzem Zögern.

Neben mir am Fenster und an den fünf anderen Fenstern standen die Fraktionsvorsitzenden der drei ‹regierenden›

Parteien, die zwei Abgeordneten der sogenannten Opposition, drei protestantische und ein katholischer Pfarrer, Vater Schindler und seine dürre Frau, die eine rote Nase vom Rührungsweinen hatte, Hubert Schindlers sieben Jahre ältere Schwester, die trotz ihres vermögenden Familienhintergrunds seit Jahren vergeblich auf einen Mann wartete. Ihr Gesichtsausdruck ließ den Schluß zu, daß sie permanent Pfefferkörner kaute.

Außerdem stand da noch rund ein Dutzend anderer wichtiger Einwohner. Alles Männer aller Altersstufen zwischen 40 und 75 und aller Gewichts- und Einkommensklassen ab 80 Kilo und ca. 4000 DM netto.

Es ging hinab bis zum Funktionär der für Fleischwarenfabrikarbeiter zuständigen Gewerkschaft, dem Vorsitzenden des Schindlerschen Betriebsrats. Der wog wahrscheinlich nicht einmal 75 Kilo und hatte bestimmt nicht mehr als die Hälfte des oben erwähnten Netto-Einkommens. Er fühlte sich aber offenbar sehr geschmeichelt, dabeisein zu dürfen... wie Arbeitnehmer sich so verhalten, wenn sie mal ausnahmsweise bei den Bessergestellten Beachtung finden.

Als Huschi an der Seite des Stadtdirektors den Saal betrat, fing irgendwer an zu applaudieren, und alle – außer mir und dem protestantischen Pastor, der als Linker verrufen war, und deshalb sicher bald versetzt werden würde – alle also klatschten in die mehr oder minder dicken und beringten Hände. Am lautesten klatschte Schindler senior, der sich überhaupt vor aufgeblasenem Vaterstolz nicht zurückhalten konnte.

Er lief auf seinen Sohn zu, umarmte ihn und fummelte dann ein Taschentuch aus der Hosentasche, um sich die Augen zu wischen.

Das war sehr rührend, und ich wäre vielleicht auch gerührt gewesen, wenn ich nicht gewußt hätte, daß Vater und Sohn harmonierten – oder jedenfalls bisher harmoniert hatten – wie Hund und Katze.

Nach Beifall und Rührszene ergriff der Bürgermeister das Wort. Er redete eine volle Viertelstunde, aber ich hörte nach zwei Minuten nicht mehr zu, weil meine Gedanken angesichts des frischgebackenen Boxweltmeisters auf Wanderschaft gingen.

‹Was wohl in seinem Kopf vorgehen mag?› dachte ich. ‹Was er wohl denkt, wenn in seiner Gegenwart über ihn so große Töne verzapft werden? Oder glaubt er das wirklich alles? Oder denkt er vielleicht: Was für ein Theater? Oder denkt er gar nichts, weil sein Gehirn gar nicht mehr richtig denken kann?›

Mir fiel ein, daß ich mal irgendwo einen Film gesehen hatte, in dem mittels Röntgenaufnahmen gezeigt wurde, wie so ein Boxergehirn in der Schädelschale hin- und herschwappt, wenn Faustschläge den Kopf treffen. Das war brutal anzusehen gewesen und machte klar, warum Boxer oft nach einer gewissen Zeit und einer Anzahl von Kämpfen für geistige Arbeit nicht mehr so recht zu gebrauchen sind... um es mal vorsichtig auszudrücken.

Huschis Gesichtsausdruck bei der Rede des Bürgermeisters zeugte auch nicht gerade von wacher Intelligenz.

Aber gut sah er aus, das mußte ihm der Neid lassen.

IV.

Dreiundsechzig Stunden später, am Montagmorgen 5 Uhr 15, also in aller Herrgottsfrühe, traf ich erneut auf den großen Sohn Endwardens.

Da sah er nicht mehr ganz so gut aus.

Der Tod durch Gewalt verzerrt meist auch die schönste Schönheit und entstellt das gewinnendste Gesicht zur grinsenden Grimasse.

Artur Knothke, der Vorarbeiter in Schindlers Fleischwarenfabrik, hatte die Leiche Huschis gefunden, als er die schwere Tür der zweiten Tiefkühlkammer öffnete, um gefrorene Schweinehälften zum Auftauen zu holen. Er hatte erschrocken: «Jesus und Maria!» gerufen, weil er aus einer katholischen Flüchtlingsfamilie stammte, und sich bekreuzigt. Das nützte zwar dem toten Boxweltmeister nichts mehr, aber es half dem Vorarbeiter Knothke, seinen Schock zu überwinden und eine Reihe vernünftiger Maßnahmen zu treffen.

Erstens rührte er nichts an, schloß die Kühlraumtür wieder, rannte zum Haustelefon und verständigte den Werkmeister Haberland. Zweitens sorgte er dafür, daß die anderen Arbeiter, die aus dieser und den benachbarten Kühlkammern Fleisch holen wollten, den Gang nicht betraten, und drittens veranlaßte er den aufgeregten Haberland, die Polizei und danach Vater Schindler telefonisch zu alarmieren.

Da Vater Schindler sich jedoch in der Nacht zuvor aus Freude, oder aus welchen Gründen auch immer, einen schweren Rausch angetrunken und seine Frau Gemahlin

Mühe gehabt hatte, ihn ins Bett zu kriegen – woraufhin sie nur mit zwei Schlaftabletten einzuschlafen vermochte – reagierte auf das frühe Telefonklingeln in der Villa niemand, und es mußte ein Bote hingeschickt werden, der fast zwanzig Minuten brauchte, ehe er die Fleischwarenfabrikantengattin aus dem Tiefschlaf klingeln und klopfen konnte.

So kam es, daß die Polizei, zuerst die Besatzung des Funkstreifenwagens 3 und – von dieser über die Zentrale geweckt – ich – eine halbe Stunde vor dem schlaftrunkentaumeligen, entsetzten Elternpaar am Tatort war.

Beim Anblick des Toten hatte ich für ein paar Erinnerungs-Sekunden die Vision vom Abend des 13. November vor Augen, denn über Hubert Schindlers linker Schulter hing verknäuelt seine dunkle Krawatte.

Das sah aus, als säße ihm... nein, genug! Ich schüttelte das Trugbild ab... es gab zu tun!

Es gab viel zu tun, denn auf dem Fest, das Schindler senior am Sonntagabend in der extra dafür ausgeräumten Packhalle seiner Fabrik veranstaltet hatte, waren über hundert Gäste gewesen, von denen einer Huschi umgebracht haben mußte. Einer von über hundert – und wer? Und warum?

Die Kollegen der Kripo, die aus der Kreisstadt Olders nach einer Stunde kamen, fotografierten, suchten Spuren und sicherten, und taten alles das, was routinemäßig getan werden muß – die Kollegen leisteten gewiß gute Arbeit, aber sehr ergiebig war das nicht, was sie feststellten.

Der junge Boxweltmeister war offenbar durch zwei Schläge mit einem Hammer auf den Hinterkopf außer Gefecht gesetzt worden. Ob er daran gestorben oder davon nur betäubt worden war, mußte die Obduktion ergeben. Jedenfalls hatte sein Mörder die Tat in dem Raum begangen, der auf der anderen Seite des Ganges lag und werktags dem Amtsveterinär als Aufenthaltsraum diente, wenn dieser seine vorgeschriebenen Untersuchungen in der Fleischwarenfabrik vornahm.

In dem Raum standen ein verschlossener Spind, eine Couch, ein Glasschrank mit Laborgeräten und ein Schreibtisch.

Daß Hubert Schindler dort betäubt oder erschlagen worden war, ging daraus hervor, daß die Spurenleute unter der Couch den Hammer fanden und daran Blut und Haare entdeckten. Außerdem entging ihnen die Schleifspur nicht, die eindeutig von den Kreppgummi-Absätzen des Opfers stammte und aus dem Veterinärzimmer quer über den mit Fliesen belegten Gang in die Tiefkühlkammer führte. Der Täter mußte ein sehr kräftiger Mann sein – oder in panischem Schrecken, aus Angst vor Entdeckung oder vor Wut über bemerkenswerte Kräfte verfügt haben, wenn es nicht zwei Täter gewesen waren. Denn der Besinnungslose oder Tote wog immerhin fast zwei Zentner.

Von Vater und Mutter Schindler konnte ich keine Hilfe für meine Arbeit erwarten, verkatert, verschlafen und verstört, wie sie waren. Huschis ältere Schwester jedoch, das späte Mädchen, das an diesem frühen Morgen noch mehr nach zerbissenen Pfefferkörnern aussah als sonst, Huschis Schwester also gab mir erstaunlich kühl und gefaßt Auskunft über das gestrige Fest.

Es schien ein rauschendes Fest gewesen zu sein. Vor der Packhalle, die noch in der Nacht nach dem Weggang der letzten Gäste von einer Putzkolonne aufgeräumt und gereinigt worden war, standen drei große, bis an den Rand gefüllte Mülltonnen mit dem üblichen Strandgut solcher Veranstaltungen: Leere Flaschen, unansehnliche Reste des kalten Büfetts, buntes zusammengeknülltes Kreppapier, das man zur Dekoration aufgehängt hatte, Pappteller mit Senfklecksen... und so weiter.

Ich bat Herma, die sauertöpfische Schwester des verblichenen Boxweltmeisters, in eins der Büros, um ein paar Fragen zu stellen. Wir setzten uns auf Schreibtischstühle zwischen zugedeckten Schreib- und Rechenmaschinen, Rollschränken und Regalen. Ich hätte sonstwas für eine Tasse Kaffee gegeben, doch daran war nicht zu denken.

Herma Schindler sagte, sie sei kurz nach zwei Uhr heimgefahren, ja, mit ihrem eigenen Wagen, denn sie habe so gut wie keinen Alkohol getrunken. Zu dem Zeitpunkt wäre gewiß noch mehr als die Hälfte der Gäste dagewesen. Es habe laute Fröhlichkeit geherrscht. Ja, auch getanzt worden sei... zu der Musik einer Drei-Mann-Kapelle. Nein, ihr sei nichts aufgefallen, das ungewöhnlich gewesen wäre, kein Streit, keine Verstimmung... ihr Bruder sei angeheitert gewesen, nicht betrunken, nur ein bißchen lauter als er sowieso sei. Er habe getanzt... nein, sie könne nicht sagen, mit wem alles, denn die Frauen wären fast alle etwas närrisch nach ihm und hätten sich richtig gedrängelt, als der Ziehharmonikaspieler eine Damenwahl angesagt habe.

Als sie sich von ihren Eltern verabschiedet habe, hätte Hubert gerade die kleine Türkin, die Frau des Zeitungsreporters Vetthake, bei einem Rock 'n' Roll herumgeschwenkt. Die habe beinahe ängstlich geguckt und sich gegen die wilde Hüpferei gewehrt, wie es aussah.

«Aber mein Bruder hat sie nicht losgelassen!» sagte Herma Schindler. «Er hat überhaupt nie was losgelassen, was er einmal hatte!» fügte sie hinzu.

V.

Mit Hermas Hilfe gelang es mir, eine nahezu vollständige Liste der Festgäste zusammenzustellen. Sie hatte am Freitagabend und Samstag ihrer Mutter geholfen, per Telefon oder Boten alle die Leute spontan einzuladen, die Schindlers für wichtig hielten. Und fast alle hatten zugesagt. Nur sieben oder acht, darunter ich, der protestantische Pastor, einer der alten Lehrer Huschis und ein Ehepaar Kösel – mit der Frau hatte Hubert noch als Schüler ein Verhältnis gehabt – hatten dankend abgelehnt und für ihre Ablehnung die unterschiedlichsten Gründe angegeben. Ich, zum Beispiel, hatte zur Mutter des Boxweltmeisters am Telefon gesagt, daß ich ‹leider dienstlich verhindert› sei. Na ja.

Aber sonst war wohl alles dagewesen, was in Endwarden Rang und Namen hatte.

«Wissen Sie, ob Ihr Bruder Feinde hatte?» fragte ich.

«Ich weiß von einigen, die ihn nicht ausstehen konnten», erwiderte sie, «denn es war ja nicht immer leicht, mit ihm zurechtzukommen. Das wissen Sie sicher selbst, Herr Kommissar, Sie sind doch mit ihm zur Schule gegangen. Aber ich kann mir eigentlich nicht vorstellen, daß ihn jemand so gehaßt haben sollte, daß er ihm nach dem Leben getrachtet hätte!»

Ich wunderte mich über die Redeweise der Fleischwarenfabrikantentochter. Es klang nach Belesenheit, denn wer sagt schon ‹nach dem Leben getrachtet›... und ich konnte mir nicht denken, daß es im Hause Schindler mehr als die üblichen zwei Dutzend Bücher hinter Glas im geschnitzten Herrenzimmerschrank gab. Die Bibel, ebenso ungelesen wie der sechsbändige Halbleder-Goethe und die Bildbände vom deutschen Rhein und Bamberger Dom.

Es war jedoch im Augenblick weder Zeit noch Gelegenheit, dem Bildungsstand des Fräulein Herma Schindler auf den Grund zu gehen, denn da lag wenige Schritte von mir eine tiefgekühlte Weltmeister-Leiche, und es gab mehr als hundert mögliche Mörder.

Mein Kollege Andersen, drei Jahre jünger als ich und erst seit einem halben Jahr im aktiven Dienst, und vielleicht deshalb noch voller Illusionen und Idealismus, mein Kollege Andersen also kam, und ich schickte ihn sofort wieder los, die Putzfrauen zu vernehmen, die in der vergangenen Nacht die Packhalle nach dem Ende des Festes gesäubert hatten.

«Jetzt?» fragte er. «Es ist sechs Uhr!»

«Na und?» fragte ich zurück. «Glauben Sie, daß Sie in einem Mordfall mit den Ermittlungen warten sollen, bis alle ausgeschlafen haben, die uns vielleicht weiterhelfen könnten?»

Er ging, nicht ohne vorher schnell noch einen Blick auf den Toten geworfen zu haben, der gerade aus der Kälte geholt und auf eine Bahre gelegt, zugedeckt und abtransportiert wurde.

Ich war ziemlich ratlos.

Es schien mir irrwitzig, bei hundert Leuten vor der Tür zu stehen, einen Ausweis zu zücken, soweit sie mich nicht kannten, und zu fragen, ob ihnen auf dem Fest in der vergangenen Nacht irgendwas aufgefallen sei, woraus sich ein Verdacht ableiten ließe...

Ich würde hundert oder noch mehr verschiedene Antworten ernten, die Sensationslust würde aufflammen, und schließlich hätte ich möglicherweise fünfzig Verdächtige – und nichts würde sich letzten Endes als stichhaltig erweisen. Davor grauste mir, aber ich sah keinen anderen Weg...

Da fiel mir ein, daß Herma Schindler den Namen Vetthake erwähnt hatte. Wenn der Reporter mit seiner Frau auf dem Fest gewesen war, dann hatte ich wenigstens einen guten Beobachter. Zu ihm mußte ich als erstes.

VI.

Der Lokalreporter Vetthake, Vorname Erich, wohnte im ausgebauten Dachgeschoß einer Kunsttischlerwerkstatt, die vor ein paar Jahren stillgelegt worden war, weil die großen Möbelfabriken auch schon Chippendale-Stühle und Biedermeierschränke anfertigten, zwar nicht halb so gut wie die handgemachten, aber halb so teuer.

Die Werkstatt diente jetzt einem Weingroßhändler als Lager, und es roch im Treppenhaus sehr angenehm nach einem Gemisch aus Holz und Rotspon. Als ich die leise knarrende Treppe hinaufstieg, wehte zu meiner Überraschung noch ein frischer Kaffeeduft dazwischen.

Ich klingelte an Vetthakes Tür. Sie wurde aufgemacht, ehe ich die Hand noch hatte sinken lassen. Vetthake stand fertig angezogen im Türrahmen.

«Hallo...!?» sagte ich verblüfft.

«Guten Morgen!» sagte er. Seine Stimme war heiser. «Sie sind schon da, Kommissar?»

«Wieso schon? Haben Sie mich erwartet?» fragte ich.

«Ja», sagte er, «Sie oder einen anderen Beamten. Aber Sie sind mir lieber, wenn schon...»

Ich verstand nichts und sagte es auch:

«Ich verstehe nicht, was Sie meinen...?»

«Kommen Sie herein, bitte!» forderte er mich auf und trat beiseite.

Ich ging hinein. Der kleine Flur war erfüllt vom Kaffeeduft. Vetthake öffnete die linke der drei schön gemaserten Holztüren.

«Bitte!» sagte er und wies in den Raum dahinter. Es war ein ziemlich großes Mansardenzimmer mit zwei halbhohen Fenstern an der geraden Wand, vor denen helle Leinenvorhänge hingen. Auf der Eckcouch unter der getäfelten Schräge lag Vetthakes zierliche Frau unter einer bunten Wolldecke. Sie sah mich aus großen Augen ängstlich an.

«Guten Morgen!» sagte ich verwirrt. «Bitte entschuldigen Sie, daß ich so früh...»

«Guten Morgen, Herr Kommissar!» sagte sie. Und das klang, als säßen ihr Tränen in der Kehle.

Vetthake stand zwischen ihr und mir und sah mich erwartungsvoll an.

«Das müssen Sie mir erklären, Herr Vetthake», sagte ich, «wieso haben Sie einen Kriminalbeamten erwartet? Woher wissen Sie denn, was passiert ist? Hat jemand Sie angerufen?»

Er rührte sich nicht. Ich hatte einen Einfall:

«Ja... aber das ist ja überhaupt die Chance für Sie, Menschenskind! Sie sind der erste und bisher einzige Journalist, der es weiß. Rufen Sie die Presseagentur an und –»

Ich brach ab, weil er stöhnend den Kopf sinken ließ und weil seine Frau die Hände vors Gesicht schlug und zu schluchzen begann. Er ging zu ihr, nahm ihre Hand, dann sah er mich an. Ich wußte nicht, was ich tun sollte.

«Weshalb sind Sie gekommen?» fragte Vetthake.

«Ich wollte Ihnen ein paar Fragen stellen», sagte ich, «Sie waren auf dem Fest. Daß Hubert Schindler tot ist – ermordet worden ist – wissen Sie ja schon... Aber ich ahnte nicht, daß Sie es schon wissen. Ich dachte, Sie hätten vielleicht irgendwas beobachtet und könnten mir damit helfen, den Täter zu finden, aber –»

«Der Täter bin ich!» sagte Vetthake fast tonlos.

«Sie...?» rief ich. «Sie haben...?»

«Es war Notwehr!» schrie die kleine Frau, warf die Decke ab, sprang auf und stand bebend vor mir. Er legte ihr den Arm um die zuckenden Schultern.

«Ja», sagte er, «der Kerl wollte meine Frau...»

Er rang nach Worten.

Ich fand meine Fassung wieder.

«Kommt, setzt euch hin!» sagte ich. «Und erzählt!»

Sie gehorchten wie verschüchterte Kinder, setzten sich nebeneinander auf die Couch, hielten sich fest an den Händen und begannen zu berichten.

Ich hatte ihnen gegenüber auf einem Stuhl Platz genommen und hörte zu. Zunächst war es eine wirre Schilderung des Ablaufs, was sie von sich gaben – aber allmählich beruhigten sie sich ein wenig, und schließlich wurde mir klar, wie es geschehen war:

Der Boxweltmeister Hubert Schindler hatte ausgerechnet auf Erich Vetthakes hübsche Muhibbe ein Auge geworfen, hatte sie drei- oder viermal zum Tanzen geholt, sich über ihre Zurückhaltung amüsiert, und hatte sie, als nach Mitternacht eine Polonaise veranstaltet wurde, von ihrem Platz geholt, fest an der Hand genommen und war mit ihr als letztes Paar am Ende der Menschenschlange durch den Packsaal, den Gang entlang gezogen, in dem es dunkel war, weil irgendein Spaßvogel das Licht ausgedreht hatte.

In der Dunkelheit hatte es großes Gelächter, Gequieke und Gekreisch gegeben. Auch Muhibbe hatte geschrien, weil Schindler ihre Brüste betatscht und sie zu küssen versucht hatte. Dann war sie plötzlich durch eine Tür geschoben worden, die hinter ihr zugeschlagen wurde, und fand sich zu ihrem Entsetzen mit dem Burschen allein in einem kleinen Raum, der durch eine Straßenlaterne von außen spärlich erhellt war.

«Jetzt habe ich dich, Mäuschen!» hatte der Boxer geknurrt und nach ihr gegriffen. «Jetzt bist du dran, mein Balkantäubchen! Und wehe, wenn du Sperenzchen machst und nicht ganz brav und mit Hubert ganz lieb bist... Nun komm schon!» – Und er hatte die vor Angst und Hilflosigkeit «Nein... nein... nein!» Winselnde zu der Couch gedrängt und sie gerade auf den Rücken geworfen und sich über sie gekniet, als die Tür aufgestoßen wurde, ihr Mann wie von Sinnen hereinsprang und mit einem Hammer auf Schindler losschlug, der beim zweiten Schlag zusammensackte und zu Boden polterte.

«Da waren wir beide plötzlich ganz ruhig und völlig klar!» sagte Erich Vetthake. «Ich habe mit einer irren, fast schlafwandlerischen Sicherheit den Stiel des Hammers sorgfältig abgewischt und, nachdem ich Muhibbe geholfen hatte, ihr Kleid und ihre Frisur in Ordnung zu bringen, haben wir gemeinsam den schweren Mann über den Gang in die gegenüberliegende Kühlkammer gezerrt...»

«Warum?» fragte ich.

«Ich weiß nicht!» sagte er, und seine Frau schüttelte den Kopf.

«Woher hatten Sie den Hammer?» wollte ich wissen.

«Ich war auf der Suche nach meiner Frau, die ja mit Schindler nach der Polonaise verschwunden war, bin in den Gang geraten und hatte ihre Rufe gehört. Da habe ich eine Tür aufgerissen, aber dahinter war nur eine Art Werkstatt oder so was... und da lag gleich links der Hammer auf einer Drehbank. Ich bin mit dem Hammer in der Hand weitergelaufen und hab die zweite Tür aufgerissen – ja, und da war das Schwein gerade über ihr ...!»

Er hielt inne. Muhibbe stöhnte mit geschlossenen Augen.

Wir schwiegen.

Es roch sehr gut nach Kaffee.

Ich hätte gern eine Tasse gehabt, denn ich war plötzlich sehr müde.

«Wenn Sie mir eine Tasse Kaffee spendieren, liebe Muhibbe», sagte ich nach einer langen Pause, «und wenn Sie mir beide fest versprechen, daß Sie sofort vergessen, daß ich heute früh hier war – und wenn Sie beide niemals und niemals und nirgendwo mit irgendwem über die Sache reden ... dann kann es sein, daß Sie Glück haben und ...»

Die kleine Türkin stand auf, legte mir die Arme um den Hals und küßte mich auf den Mund. Der Kuß schmeckte ein bißchen salzig.

«... aber ich kann für nichts garantieren», fügte ich hinzu.

Das ist dreizehn Jahre her. Der unaufgeklärte Mordfall Schindler liegt bei den Akten. 13 ist meine Glückszahl – obwohl ich eigentlich nicht abergläubisch bin.

«Mörder ist einer . . .

... der das Leben zu leicht nimmt», hat mal jemand gesagt. Eine ebenso treffende wie zynische Definition. Zum Glück gibt es andere Mittel und Wege, um sich das Leben etwas leichter zu machen: Man muß niemand beseitigen, nur etwas beiseite legen.

Michael Molsner

KRÄCKS KUMMER

I

Für den Meineid, den sie ablegen sollten, waren die Zeuginnen unpassend kostümiert, dachte ich.

Ihre flink-behenden Trippelschritte in Stöckelschuhen brachten uns ihren Anblick rasch näher. Die zwei paßten unters neugotische Kreuzgewölbe des Ährenfurther Justizgebäudes wie ein Punker mit lila Hahnenkamm in die Wallfahrtskirche von Gellwangen. Nicht daß ich biedere Seriosität zu meinen Tugenden hätte rechnen mögen: Aber wenn man vor Gott oder dem Richter falsch schwören will, muß man seine Gefühle dann nicht durch Anpassung tarnen, wie auf einem Begräbnis?

Nicht nur die Wahrheit wollten die Zeuginnen begraben, auf Drängen ihres Mackers, um ihm aus der Zelle zu helfen... Sondern auch den Rest ihres eigenen staatsbürgerlichen Pflichtbewußtseins. Doch das war vielleicht schon längst von uns gegangen, in Begleitung der privaten Moral.

«Welche ist Ginger?» fragte ich Erich Sommerfeld. Er trug damals noch nicht die Tonsur auf dem Hinterkopf, die unwillkürlich an Martin Luther denken läßt; nur einen auffälligen Wirbel.

Als Kriminalist war er den Anblick von Paradiesvögeln noch eher gewöhnt als ich. Er sah kaum hin. «Von uns aus die rechte.»

Die zwei plapperten ungeniert miteinander, in unterdrückter Tonlage allerdings. Ich sah wohl das geschwinde Auf und Zu der knallig geschminkten Lippen, verstand aber kein Wort. Pech... es hätte mich interessiert.

Auch Erich ärgerte sich über die Aufmachung der Zeuginnen. Da er ihnen das nicht gut selber sagen konnte, ließ er seinen Frust an mir aus: «Zieh deine Stielaugen ein, sonst pflückt sie dir jemand ab.»

Ginger trug einen hautengen Rock aus Lackleder. Er endete knapp über den Knien. Was die schlanken Schenkel unter dem elastischen, tiefschwarzen Material trieben, war so deutlich zu sehen wie die Ränder eines sehr knappen Slips. Weiß wie der jetzt an den Gartenzäunen aufgehende Flieder leuchtete ihre Rüschenbluse unter den dustergrauen Spitzbögen des Gerichtsflurs.

Ein aggressiver Parfümstoß traf mich. Von ihren roten Haaren, die sie offen trug, streifte eins mein Gesicht wie ein Marienfaden. Ich sah ihr nach – oder vielmehr dem Spiel ihrer Muskeln unter dem schwarzen Lackleder – und fragte mich, ob es auch mir fast zehntausend Mark wert gewesen wäre, Rock, Slip und Rüschenbluse fallen zu sehen.

«Hechle nicht», kam es rügend von Erich. «Das ist unwürdig.»

Ich riskierte trotzdem noch einen Blick. Die andere mußte Kim sein – Kurzhaarschnitt, Anzug und lose geschlungene Krawatte. Eher androgyn. Für jeden Geschmack etwas.

Als ich wieder zu Atem kam, schaute ich Erich offen und kumpelhaft ins Gesicht. «Sag mal – was für Serviceleistungen bieten die eigentlich konkret an? Mir zum Beispiel, wenn ich mich in einer Bar wie dem *Harem* sehen ließe, was ich selbstverständlich niemals tue?»

Kalt und mitleidig gab er mir meinen Blick zurück, wie einem unsympathischen Schwerbehinderten. «Die setzen sich zärtlich auf deinen Schoß und flüstern dir ins Ohr, daß du alles mit ihnen machen darfst, du mußt ihnen nur eine Flasche Sekt zu 300 Mark ausgeben.»

«Und darf ich dann wirklich alles?»

«Nee.»

«Was heißt das?»

«Wenn du aufhocken willst», antwortete er rüde und überkonkret, «dann erfährst du auf einmal, es sind keine Nutten, und das *Harem* ist kein Puff, und sie müssen sich an ihre Vorschriften halten... Brauchste auch noch Aufklärung über die sexuellen Gewohnheiten der Maikäfer?»

Ohne mich weiter zu beachten, stapfte er hinüber zu Staatsanwalt Hamster. Ein blutjunges Kerlchen war das. So nervös, wie er Sommerfeld entgegenstarrte, war er nur deshalb, weil er genau wußte, daß er heute verheizt wurde. Schon in seinen allerjüngsten Jahren durfte er lernen, wie ein Strafverfolger eine Blamage wegsteckt.

Ich drehte mich, warum denn nicht, wieder zu den Zeuginnen um. Lady, die dritte, wartete mit dem Strafverteidiger neben der einladend offenen Tür zum Gerichtssaal. Eben begrüßte sie ihre Kolleginnen mit Handschlag.

Brünett war Lady, dezenter gekleidet, blaß geschminkt. Sie war mir vorher kaum aufgefallen. So lohnt sich die Diskretion.

Im Liftschacht von der Transitzelle herauf zuckte etwas und schnarrte laut. Holger Brühl, der Nutznießer all der Meineide, kam aus der U-Haft gefahren. In Eisen... klare

Sache, räuberische Erpressung wird nicht anders behandelt als Raub. Er war also Räuber, die Schelle ging in Ordnung.

Gesehen hatte ich Holger gelegentlich. Er fuhr einen CAMARO, wie es in Ährenfurth keinen zweiten gab, und protzte mit aufsehenerregenden Beifahrerinnen. Die konnte man, wenn man genügend Kleingeld deponierte, in der *Harem*-Bar aus nächster Nähe kennenlernen.

Ein höflicher Mensch; er nickte uns allen, wie alten Bekannten, grüßend zu. Auffälliger als in Freiheit fand ich hier sein Gesicht. Es wirkte noch «toter», nämlich einfach ausdrucksarm. Insgesamt der Typus des Geschäftsleiters, der längst gelernt hat, daß es auf den Abschluß ankommt – und nicht darauf, was er dabei für beunruhigende Privatgefühlchen haben mag.

Eine Art Ruck ging wohl durch uns alle, selbst durch Holger Brühl, als der Belastungszeuge von zwei keuchenden Männern auf den Treppenabsatz gehoben wurde. Sie hatten ihn hochgetragen, samt Rollstuhl. Der eine war Viallas Pfleger, er schob den Geschädigten durch den langen Flur auf uns zu. Ohne Hast. Es schien endlos zu dauern... Der andere war Rudi Kräck.

Das überraschte mich. Er zog einen Notizblock aus der Tasche und malte, während Vialla redete, einige schnellfertige Kürzel hinein.

Was gab es denn noch zu fragen? Stand alles in der Anklageschrift.

Er kam dann gleich zu mir herübergestampft, den Blick starr auf die drei Hasen gerichtet. Den massigen Kopf beugte er so tief zu mir herunter, daß sein rosiges, in dem Riesengesicht viel zu kleines Mündchen fast mein Ohr berührt hätte – jedenfalls spürte ich deutlich Rudis feuchtwarmen Atem: «Was meinste, Jack – sind die eine Todsünde wert?» In seiner keuchenden, bronchialen Art lachte er auf: «Hundert Jahre Fegefeuer würde ich glatt riskieren für eine Sitzung im Whirlpool.» Dann, plötzlich, richtete er sich auf und glotzte argwöhnisch über seine Schulter in den Flur zurück. Dabei knetete seine rechte Hand ununterbrochen meinen Oberarm. Das war eine von seinen Schrullen, ein Bedürfnis nach Köperkontakt.

Er war damals Kollege von mir gewesen, als Zeitungsjournalist. Rein formell sogar höher gestellt als ich, denn er leitete die Gellwanger Ausgabe unseres Regionalblättchens. Bekannt geworden als Verfasser von Humoresken, die er manchmal im Rundfunk unterbrachte. «Mir ham dich wieder im Radio g'hört, Rudi», sagten Bekannte zu ihm auf der Straße. Dann lächelte er zurücknehmend: Die paar Minuten auf Sendung, ach Gott, die machen den Kohl auch nicht fett.

Der Justizwachtmeister, ganz in Grün, tauchte im Türrahmen auf und nickte zu uns in den Gang heraus. Wir gingen alle rein.

Holger Brühl, immer noch an einen Schupo in Blau gekettet, schritt hochaufgerichtet vorwärts, er warf nicht einen Blick auf den tief in seinem Stuhl rollenden Vialla.

Auch Vialla sah starr nach vorn.

2

Das reichsstädtische Ährenfurther Handelsbürgertum hat sich vor vierhundert Jahren auf die Seite der Reformation geschlagen. Gellwangen als ländlicher Marktflecken ist immer katholisch geblieben. In diesem Gellwangen war Rudi Kräck aufgewachsen, buchstäblich im Schatten der Wallfahrtskirche auf dem Salvatorberg. Sein Bruder, auf Wunsch der dominanten Mutter Priester geworden, schwitzte im Missionsdienst von Malahwi.

Bevor Kräck im Verlauf der Affäre WUTZ seine Skrupel von sich warf – zu weit von sich, leider – war er in unserm provinziellen Katholizismus verwurzelt gewesen. Er litt unter quälendem Sündenbewußtsein wegen sexueller Phantasien, die er nie auszuleben wagte. An sich eine barocke Natur, verwirklichte er sich nur beim Essen (Fressen) und Trinken (Saufen). Mit knapp 30 Jahren war er schon schwer mit Fleisch behangen. Seine Füße, zu klein für die massive Knochenstruktur, konnten sein Gewicht nur mit ärztlich verordneter Unterstützung durch Einlegesohlen tragen. Setzte er seine orthopädischen Schuhe voreinander, dann erzitterten die meisten Böden.

Nicht ohne sympathisierendes Mitgefühl sah ich jetzt im Gerichtssaal, wie schamlose Gier ihm aus den Augen leuchtete, – übergroße Augen waren es, hinter abnorm dicken Brillengläsern. Vialla berichtete, was er mit den Damen im Whirlpool erlebt hatte.

Noch heute meine ich, Kräcks fleischige Hand zu spüren, wie sie sich oberhalb meines Knies niederließ und fest zupackte. Er atmete schwer, wie ein Dampfkessel zischte es ein-aus, ein-aus... Heute wäre eine solche Reaktion bei einem Erwachsenen kaum zu erwarten, jedermann hat sich an die Sexshops, Bars und Videopornos gewöhnt und nutzt sie, wann immer er möchte. Aber in der noch nicht ganz grau gewordenen Vergangenheit, aus der ich beichte, war die vermarktete Sexualität in Ährenfurth keine Selbstverständlichkeit.

Ich hatte über das *Harem* die tollsten Stories gehört. Bei den Mitternachtsshows ging es angeblich wilder zu als auf St. Pauli.

Wie es bei und mit Vialla zugegangen war, mußte der Vorsitzende nun zunächst klären – für jeden Richter eine mißliche Situation. Den Tatbestand hat er aufzunehmen. Als Sammler von Intimitäten will er nicht dastehn... Unser Amtsgerichtsrat machte seine Sache gut, fand ich. Er stellte die Fragen knapp, sachlich, kurz hintereinander: «In den Whirlpool steigt man ja wohl nicht in Kleidern?»

«Nein, das wär für die Kleidung ungünstig.»

«Ich nehme an, die Hostessen trinken bei der Gelegenheit nicht nur mit, sondern leisten auch Handreichungen.»

«Das stimmt ganz genau.»

Gegen 14 Uhr war Vialla in die Bar gekommen. Ungefähr um 15.30 Uhr hatte man zu dritt drei Flaschen Sekt geleert; hier wollte Vialla einen deutlichen Schlußpunkt gesetzt haben. «Ich sagte den Damen, das seien jetzt rund tausend Mark, jede Flasche 300 und die Drinks zuvor... mehr wollte ich nicht ausgeben.»

«Sie erinnern sich genau, daß Sie das unmißverständlich erklärt haben?»

«Selbstverständlich.»

«Welche von den Damen müßte es gehört haben?»

«Beide haben das gehört und waren auch einverstanden.»

Der Richter blätterte in den Akten. «Was geschah dann?»

«Noch drei Mädels aus der Bar kamen in den Whirlpool und ließen Sekt servieren. Ginger und Kim sagten, das ginge auf Rechnung des Hauses. Drum hab ich mir nichts dabei gedacht.»

«Ich finde es schwer zu glauben, daß Sie sich nichts dabei dachten, Herr Vialla. Die Damen machen doch so etwas nicht zu ihrem Vergnügen. Es ist ihre Arbeit, und sie erwarten Bezahlung dafür.»

«Jetzt klingt das logisch, Herr Richter. Aber im Whirlpool haben die alle einen sogar ganz ausgesprochen vergnügten Eindruck gemacht.»

«Sie sind doch ein Mann von Welt, Herr Vialla. Konnten Sie wirklich glauben, daß insgesamt fünf Badenixen Sie gratis – eh – bedienen?»

«Ich weiß positiv, daß ich zu Ginger gesagt habe, du, Hasi, das kann ich jetzt nicht mehr auf meinen Deckel nehmen. Sie hat gesagt, ist klar, mach dir keine Gedanken, es geht auf Rechnung des Hauses.»

«Bei dieser Aussage bleiben Sie?»

«Absolut.»

Dachte ich mich in die Situation hinein, dann verstand ich den Richter. Ein Geschäftsunternehmen wie das *Harem* muß seine Kundschaft zufriedenstellen. Betrügereien zahlen sich langfristig nicht aus. Sie verderben den Ruf des Hauses und schrecken andere, zahlungsfähige Kunden ab. Insofern war Viallas Darstellung seltsam. Eigentlich klang sie sogar unglaubhaft – aber weshalb sollte er lügen?

«Kann es sein, daß der Sekt zu dieser frühen Tageszeit – eh – Sie mehr benebelt hat als sonst?»

«Ich war nicht betrunken. Ich wußte jedenfalls genau, was ich tat und sagte.»

Die drei Flaschen Sekt und die Drinks waren es nicht allein, die er auf der Rechnung vorfand... Und hier sah der Richter einen weiteren Stolperstein, an dem er Anstoß nahm. «Herr Vialla – insgesamt zuerst tausend und dann noch mal über achttausend Mark... Und diese Rechnung, sagen Sie, wurde Ihnen erst *nach* Beendigung des, eh..., *Bads* präsentiert. Als Sie bereits wieder angezogen waren.»

«Richtig.»

«Ist es in solchen Etablissements nicht üblich, daß jede Serviceleistung im voraus bezahlt werden muß?»

«Sonst schon. Aber wie gesagt, man kannte sich. Man vertraute sich gegenseitig. Bis dahin.»

«Als einer der bekannteren Gäste hatten Sie sozusagen das Privileg, erst nach genossener – eh – Betreuung zu bezahlen?»

«So sah ich das.»

Ein warnendes Vorgefühl machte sich in mir breit. Zuerst läßt er sich wie ein Pascha von fünf Mädels bedienen. Der Sekt fließt in Strömen. Die Eiskübel werden sozusagen Hand über Hand nachgereicht wie die Dachziegel, wenn ein Haus gedeckt wird. Und dann zieht er seine Brieftasche aus seinem Sakko in der sicheren Erwartung, daß er sich mit einem einzigen Tausender freikaufen kann?

Jedenfalls war es das, was er aussagte.

Ginger griff schüchtern nach ihrer roten Ringellocke, als sie leise einen anderen Ablauf schilderte. Sie habe Herrn Vialla darauf aufmerksam gemacht, uh, das könne teuer werden. Schatz, übernimmst dich auch net? Da habe er nur gelacht, brems mich heut net, Zuckermäusle, i will an Zehntausender auf'n Kopf haun, der Abschluß isses mir wert.

Kühl und präzise bestätigte die knabenähnliche Kim: «Heut hau ich zehn Tausender auf'n Kopf.» Das habe sie gehört. Ja, ganz deutlich. Nein, eine Täuschung sei unmöglich.

Zehn *Hunderter*, sagte Vialla, habe er spendieren wollen. Von Tausendern sei keine Rede gewesen.

Doch, Tausender. Sie wisse, was sie sage.

Da er die Rechnung nicht bezahlte, sondern als ausgemachte Gaunerei mit Entrüstung zurückwies, begleiteten Ginger und Kim ihn nach oben. Nämlich in die Privaträume, die Holger Brühl mit seiner Freundin Lady im Stockwerk über der Bar bewohnte.

Vialla: «Er hat nicht lange geredet, sondern gleich zugeschlagen. Ich bin erst im Krankenhaus zu mir gekommen. Mein erster Blick fiel auf den Schlauch, der von meiner Vene zu einem Tropf führte – und sofort war die Erinnerung wieder da.»

Nach der Aussage von Ginger und Kim hingegen hatte Brühl nicht mal seine Stimme gegen Herrn Vialla erhoben, geschweige die Faust... Herr Brühl habe, ganz im Gegenteil, Herrn Vialla schnell überredet, die gesamte Rechnung lieber freiwillig zu begleichen. Und das habe Herr Vialla auch getan.

«Ist Herrn Vialla in dem Gespräch gedroht worden?»

«Nicht mit Schlägen.» Gingers Hand fuhr wieder an die Locke. «Der Chef hat nur gemeint, Herr Vialla, Sie wissen doch, ich muß Strafanzeige wegen Zechprellerei erstatten, wenn Sie nicht freiwillig zahlen!»

«Daraufhin hat er bezahlt?»

«Ja.»

«Das haben Sie selbst gesehen?»

«Ja.»

«Wer noch?»

«Kim war dabei, und Lady...»

«Und wie erklären Sie sich die Tatsache, daß Herr Vialla erst im Krankenhaus wieder zu sich kam und daß dort zahlreiche Platzwunden und Quetschungen und Prellungen diagnostiziert wurden?»

Das konnte sich niemand erklären. Herr Vialla sei nach Begleichung seiner Zechschuld zu Fuß in Richtung Gellwanger Straße marschiert. Er habe gewiß dort ein Taxi angehalten oder von einer Zelle aus eins zu rufen.

«Ist es sonst nicht üblich, daß die Taxen von der Bar aus bestellt werden?»

Doch, aber Herr Vialla sei doch verärgert gewesen. Er habe die Bar Hals über Kopf verlassen. Was danach passiert sei, wisse niemand... Eine Funkstreife hatte den zusammengeschlagenen, vermutlich auch durch Fußtritte verletzten Vialla gegen Abend im Straßengraben bei Gellwangen aufgelesen.

Für einen Augenblick senkte sich tiefe Stille über den Saal. Der Richter hatte aufgeblickt und sah scharf den Angeklagten an. Der schaute vor sich auf den Boden und lächelte kaum merklich. Der Lump wußte genau, er hatte seinen Freispruch in der Tasche.

Als würde jemand während Gretchens Gebet im Dom plötzlich seinen Sitz mitten in der Stadthalle verlassen – genauso frappant störend stand im Zuschauerraum jemand auf und stieß dabei unbeholfen an mehrere Stühle.

Auch ich drehte mich, wie alle andern, um und verrenkte mir fast das Genick dabei. Ein älterer Mann, einfach gekleidet, zeigte mit erhobenem Finger an, wie in der Schule, daß er etwas beizutragen wünschte. Es gab das übliche Hin und Her zwischen Ankläger und Verteidiger, endlich bellte unser Amtsgerichtsrat die nötigen Anweisungen, und der Überraschungszeuge saß in der dafür vorgesehenen Bank.

«Es tut mir leid, daß ich erst jetzt erfahre, sonst hätt ich schon früher... Aber jedenfalls, um 16.15 Uhr kann die Irma an dem Tag nicht in der Wohnung von Herrn Brühl gewesen sein. Da war sie bei mir.»

Er war Ladys Vater. Seine Irma, wie sie mit bürgerlichem Namen hieß, habe ihn an diesem Nachmittag endlich mal wieder besucht, im Annaheim drauß', gell ja, aus den und den Gründen war eine Verwechslung ausgeschlossen: Also die Leiterin vom Heim, die Frau Direktor, die habe Geburtstag g'habt und die Irma, die habe ihr ja sogar noch gratuliert, zum Fünfzigsten, ja erinnersch dich net?

So senil er tat, mir war sofort klar, daß der Alte seine Tochter mit Absicht bloßstellte. Er haßte sie also und hatte vielleicht schon lange auf eine Gelegenheit gelauert, ihr die Kränkung heimzuzahlen, die sie ihm mit ihrem Wandel antat.

Und wie ein Volontär ließ ich meinen Gedanken freien Lauf, statt als Profi aufs Verfahren zu achten: Nur Liebe und Hoffnung, weil enttäuscht, konnte solch böse Rachsucht freigesetzt haben.

Geschickt tarnte der Vater seine Vergeltungsgeilheit als biedere Bürgertugend: Ha, aber Kind, vor Gericht musch du doch d' Wohrheit sage!

Heuchlerischer Lump.

Der Staatsanwalt brüllte, der Angeklagte flüsterte hektisch mit Verteidiger Wollik, der sprang auf die Füße und forderte Vertagung, der Richter sprach im Stakkato: Strenge Bestrafung für Meineid, nicht unter einem Jahr, keineswegs ein Kavaliersdelikt, von diesem Gericht äußerst ernstgenommen, Strenge des Gesetzes zur Anwendung bringen, wollen doch sehen, ob man hier nicht Ordnung, verbitte mir die Einreden des Herrn Verteidigers, also wie ist es nun, wer lügt hier eigentlich nicht, können Sie Wahrheit und Lüge überhaupt auseinanderhalten, Herr Verteidiger, plädieren können Sie später, ich ziehe jetzt Konsequenzen, das ist mir zu dumm, ja, sagen Sie mal, machen Sie sich über das Gericht lustig, oder wie soll ich Sie eigentlich verstehen?

«Jesses Maria», ächzte Rudi Kräck neben mir.

Ich sah ihn an und entdeckte in ihm ein Wesen, das ich

bisher nicht wahrgenommen hatte: Einen grausamen Mann, der eine Katastrophe genießt... wenn sie andern zustößt.

3

Ein Bier konnte man nicht solo bestellen, nur im «Gedeck». Dann bekam man ein Bierfläschchen für Zwerge – 0,2 Liter – und einen Schnaps. Den Schnaps goß Erich Sommerfeld in die Blumenvase, das Bier in seinen Schlund. Da ich noch über meinem Feuerwasser schnüffelte, mir taten die Blumen leid, warnte er mich mit scharfer Polizistenstimme: «Du kannst hier nichts trinken, was sie offen ausschenken... Sogenannte Hausmarken aus nicht geschlossenen Flaschen, da wirst du krank! Bier nur, wenn du die Marke kennst.»

Ich überprüfte das Etikett. Es war okay: guter, heimischer Gerstensaft. Rann vertraut bitter über die Zunge. Sonderbar war an der Situation im Moment nur die Begleitmusik aus dem benachbarten Separee. Ich horchte hinüber, wer ist man denn, ein Heiliger?

«Du, Erich – die Tante, der es da eben so extrem gut geht...»

«Die tut bloß so», fiel er mir schroff ins Wort.

«Auf jeden Fall klingt es live, meine ich. Oder kommt das so natürlich vom Band?»

Er warf mir einen Blick zu, nachdenklich – seine Gedanken waren ganz woanders.

Also wandte ich mich der Bar zu. Rudi Kräcks allzu fetter Hintern – er konnte ja nichts dafür, der arme Rudi – hing links und rechts über den Barhocker runter wie schlapper

Teig. Es war Kim, die Knabenhafte, die sich an ihn heranschob und ihre schmale Hand auf seinen unförmigen Unterarm legte.

Er drehte sich zu ihr hin, ich sah ihn lachen und nicken. Eine Handbewegung Kims galt Lady hinter der Bar. Eine Flasche Sekt, hieß das. Einkaufspreis 3 Mark, Verkaufspreis 300. Behutsam, wie einen Drachen aus Seidenpapier, schob Kim ihren Kunden auf die Klapptür zu, hinter der man – nach Passieren einer zweiten, verschließbaren Tür – in den Whirlpool steigen konnte.

Vor Gericht hatte es ja toll geklungen: Whirlpool. Was hatte ich mir vorgestellt, ein Hallenbad in Gold? Es handelte sich um einen runden Badezuber, Durchmesser etwa zwei Meter, mit Strahldüsen rundum. Man stieg rein, und aus den Düsen spritzte heißes Wasser auf die Haut, vielleicht ganz belebend. War die Begleiterin mit der Kundschaft fertig, kam eine Hilfskraft, ließ das Wasser ab und putzte das Plastikrund durch. Ocker war die Grundfarbe des Pools, Silber die des Raums.

Er konnte immer sagen, er sei auf Recherche hier. Auch ich konnte das sagen. Falls es uns im *Harem* gefiel, brauchten wir das vor keinem Menschen zuzugeben. Nicht mal vor uns selber.

Diesseits der Klapptür lagen die Separees, wie üblich in solchen Bars. Aber sie waren nicht durch feste Wände abgeteilt, vielleicht hätte das eine zu hohe Investition erfordert – reich von Haus aus war Holger Brühl nicht, meines Wissens.

Eigentlich bestand die Innendekoration des *Harem* aus nichts weiter als einem langen Vorhang. Er war so gefaltet, daß er etliche geschlossene Nischen bildete. Ich sah Ginger mit einem Gast durch so eine Falte, einen Spalt im Vorhang verschwinden. Kurz danach kam Lady mit dem Sektkübel, und drinnen ging das Gekicher los.

Also sie waren nicht schalldicht, diese Separees. Man hörte draußen, was im nächstgelegenen drinnen so geredet wurde... geflüstert. Sicher ein zusätzlicher Reiz für manchen, der aufs Lauschen abfuhr wie die Voyeure aufs Glotzen. Man setzte sich nah an den Vorhang und machte die Ohren lang.

Lady klapperte vorbei. Sie trug nichts weiter als ein knappes Paillettenhöschen, wie alle Bedienungen hier. Sie nickte uns zu. Erstaunlich, wie sicher die drei Zeuginnen wirkten. Wie selbstverständlich sie ihrer Arbeit nachgingen – sie hatten alle ein Meineidsverfahren am Hals, und ihr Chef atmete gesiebte Luft.

«Dieser Vialla...» sagte Erich plötzlich, «der lügt.» In seinen Augen glomm ein böses Licht auf.

Es ist dieser Blick, der mich gelegentlich daran erinnert, daß einer wie Erich nicht wirklich berechenbar ist. Aber daran wollte ich jetzt nicht denken. Zu Haus wartete meine Frau gespannt auf die Eindrücke, die ich aus unserm Ährenfurter Sündenpfuhl mitbringen würde. «Der Fall ist doch abgeschlossen.»

«Der fängt erst an!»

«Weil Holger Berufung eingelegt hat?»

Erich beugte sich zu mir über den Tisch und sagte leise: «Der Prozeß wird vor dem Landgericht wiederholt. Und das bedeutet, Brühl will die Tatsachenfeststellungen des Amtsrichters überprüft wissen.» Er schlug seine Faust schwer auf die Tischplatte.

Mir kam ein Verdacht. «Wie lang sitzt du eigentlich schon hier, Erich?»

«Seit Öffnung des Lokals.»

«Wann öffnet es denn?»

«Um zwei Uhr nachmittags.»

Ich erschrak fast ein wenig. «Seither säufst du dieses elende Labberbier und brütest über der Aussage von Vialla?»

«Sie muß falsch sein, Jack. Erstunken und erlogen!»

«Du gehst zu weit. Meinetwegen, man kann von Unstimmigkeiten sprechen –»

«Jack!» Er stieß seinen klobigen, stumpfen Zeigefinger an eine Stelle links neben seiner Krawatte. «Zuerst einmal schau ich in meine eigene Schlangengrube und frag mich, warum hocke ich hier, was erwarte ich mir denn?»

Mit der Schlangengrube meinte er sein Herz, auf das noch immer sein Zeigefinger tupfte. «Wieso du? Vialla.»

Er wischte diesen Einwand beiseite. «Daß ich betrogen werde, weiß ich. Was ich zu trinken krieg, ist billig. Was ich zu sehen und zu hören krieg, ist noch billiger. Und was ich zu fühlen krieg, na, ich bitte dich... *Alles*, was hier geboten ist, wird von mir überzahlt, ums Zehn- und Hundertfache! Was hab ich davon, Jack, warum laß ich das mit mir machen? Und wenn es mir einmal passiert ist, warum komm ich wieder und verzocke bei jedem Besuch das Geld, als könnt ich es selber nachdrucken?»

Er tat mir leid. Aus Verlegenheit schwieg ich.

«Was du denkst, ist mir klar, aber du liegst falsch. Es ist nicht die Enttäuschung in meiner Ehe. Stimmt, meine Teure bietet im Bett beinah gar nichts. Aber etwas mehr als die Mädels hier immer noch, das kann ich dir mit Brief und Siegel geben.»

Ich ging in mich. «Warum würde *ich* herkommen? Sicher nicht auf der Suche nach Wärme, Glück... Auch Erotik würde ich eher draußen suchen, bei einer Frau, die mit mir zusammen ist, weil sie will und Lust hat... Weil sie in mich verknallt ist... Allmählich werden wir allerdings so alt, mein armer Erich, daß sich nicht leicht mehr eine findet, die es aus Lust mit uns treibt.»

«Also zahlt man dafür.» Er nickte. Dann schüttelte er den Kopf. «Das ist nicht der springende Punkt, Jack. Ich komm doch nicht ins *Harem*, weil ich ein Weib will – da bin ich in jedem beliebigen Puff besser und billiger bedient.»

«Also warum?»

«Weil ich mich grad eben wie eine Laus fühle. Hier komm ich rein und weiß, ich kann den Löwen spielen. Ich häng die großen Scheine raus, und alle Puppen tanzen. Ich bin der Macker, der Supermann, der Lenker.»

Ich versuchte, mich einzufühlen: «Nun setzt euch mal her, ihr Süßen...Pappi ist heute großzügig zu seinen kleinen Mädels... Sekt für die Damen, heut zähle ich nicht die Flaschen, heut zähl ich die zufriedenen Gesichter!»

«Genau.»

«Du meinst, so ist Vialla?»

«So seh ich den typischen *Harem*-Stammgast! So einer will niemals die Rechnung unter Protest zahlen, Jack. Der kommt doch eigens her, weil er zeigen will, ich kann bezahlen!»

«Manchmal kommt es eben doch vor, daß einer sich geprellt fühlt in so einer Bar.»

«Ich spreche von Vialla. Stammgast. Er kannte die Bräuche, die Mädels, er wußte Bescheid. Es war sein zweites Wohnzimmer.»

Er übertrieb, aber ich begriff, was er meinte.

Erich sah mir an, daß ich innerlich zustimmte, hakte den Punkt ab und ging zum nächsten über: «Und was tut er an diesem Nachmittag? Fünf Mädels. Jack, überleg dir das mal. Ja, wenn es zwei gewesen wären. Fünf Mädels, das sind zehn Hände, was will er denn damit? Als Stammgast weiß der längst, daß zwei Mädels reizend sind, bei dreien kommste schon durcheinander, und fünf sind wie 'ne indische Göttin, du kannst sie bloß noch anbeten, oder?»

Ich grinste unwillkürlich. «Du zauberst ein sehr plastisches Bild vor mein inneres Auge. Aber was du anpeilst, muß Unfug sein... Die Mädels haben einen Meineid geleistet. Sie wollten ihren Chef aus'm Knast raushalten. Warum, was hat er angestellt? Ein Mann sitzt im Rollstuhl und sagt uns den Grund. Weshalb sollte dieser arme, fürs Leben schwer geschädigte Mensch lügen?»

«Das weiß ich nicht.»

«Erich, es ist widersinnig. Holger Brühl lügt, weil er nicht in die Kiste will. Die Mädchen lügen, weil auch sie nicht wollen, daß er in die Kiste muß. Warum lügt Vialla?»

«Für mich ist das 'ne typische Intrige im Sexmilieu.» Zusammen mit dem heftigen Satz schlug eine saure Bierfahne mir entgegen.

«Wieviel hast du heute schon intus?» fragte ich ihn.

«Egal.» Er stand schwerfällig auf und winkte Lady locker aus dem Handgelenk zu und wankte zum Ausgang.

Also ging ich allein und bangen Herzens zur Bar. Ich zog meine Brieftasche und zählte die Euro-Schecks. Rätselhaft lächelnd sah Lady mir dabei zu.

«Die Rechnung bitte mit Stempel und Datum», bat ich. «Fürs Finanzamt.»

Sie wandte sich mit einer sanften Bewegung, die ihren hübschen Busen attraktiv mittanzen ließ, von mir ab und dem Flaschenregal zu. «Der Herr Oberkommissar und seine persönlichen Gäste zahlen hier nicht», sagte sie.

Ein Mann von Welt hätte gegrinst und ein Witzchen gemacht. Man weiß es doch. Mein Gott, soll man das eng sehen? Selbstverständlich brauchen solche Etablissements das Verständnis der Ordnungsbehörden. Und selbstverständlich tun sie was dafür, um es zu kriegen.

Wer dagegen was einzuwenden hat, sollte Religionslehrer werden.

Vieles hätte ich sagen können, doch ich stand nur dumm da. Lady wandte sich anderen Herren zu. Langsam folgte ich Erich in die kühl gewordene Abendluft hinaus.

4

Bei meinem Eintreffen war der Parkplatz fast leer gewesen – jetzt standen an die dreißig Autos der oberen Mittel- und der Luxusklasse auf den Rasenklinkern. Ein Kunde, eine Flasche Sekt, 300 Mark. Zehn Kunden, dreitausend Mark. Dreißig Kunden, neuntausend Mark. Umschlagsfrequenz, großzügig geschätzt, pro Flasche eine halbe Stunde. Pro halber Stunde nahm die *Harem*-Bar derzeit also neuntausend Mark ein. Pro Stunde achtzehntausend Mark. Hielt das Geschäft etwa fünf Stunden lang so an, dann wurde eingenommen... «Heiliger Strohsack», sagte ich.

«Was haste denn?»

«An guten Abenden werden im *Harem* ungefähr 100000 Mark über die diversen Tische geschoben. Grad hab ich's in Gedanken überschlagen.»

«Haste gemeint, so ein Schuppen is bloß zu deim Vergnügen da?» Die frische Luft schien ihn zu treffen wie ein Gummihammer. Schwankend und schweißfeucht im Gesicht stand er vor mir.

«Erich, das macht ja in zehn Tagen eine Million! Und pro

Monat, wenn ich zwanzig Arbeitstage rechne, zwei Millionen! Selbst wenn ich annehme, daß fünfzig Prozent für die Unkosten weggehen, als Honorar für die Mädels, dann bleibt immer noch eine Million pro Monat – nein.» Ich unterbrach mich. «An der Rechnung muß etwas faul sein. Kein Sterblicher kann zwölf Millionen pro Jahr damit verdienen, daß er 'n altes Wirtshaus pachtet und hundert Meter Plüschvorhang reinhängt.»

Nachsichtig grinste er mich an. Das Grinsen verrutschte allmählich: «Also du glaubst, das geht nicht?»

Ich nahm ihm den Zündschlüssel aus der Hand. «Komm mit zu meinem Wagen, ich fahr dich heim.»

«Abend fängt doch erst an.»

«Du lallst ja bloß noch... Wie siehst du eigentlich auf einmal aus? Wird dir schlecht?»

Er drehte sich um und lief zusammengekrümmt ins Haus zurück. Während ich auf ihn wartete, sah ich mir das Gebäude an.

Man erreichte es über eine vordere Zufahrt von der Gellwanger Straße. Sie war allerdings viel befahren; wer sich diskreter nähern wollte, kam von hinten über einen Weg vom nächsten Dorf.

Das Haus war früher ein Tagescafé und dann ein Restaurant gewesen. Es zeigte der Straße die Längsseite. Die Fenster hatten Normalgröße und die üblichen Holzkreuze, die das Putzen erschweren. Ganz früher mochte dies ein Bauerngehöft gewesen sein. Es spiegelte eigentlich ein Stück Wirtschaftsgeschichte. Thematisch geeignet für alternative Heimatkundler.

Fern hörte ich eine Wasserspülung rauschen. Erich machte, als er wiederkam, insgesamt einen erholten Eindruck. «Noch eine Unstimmigkeit in der Aussage von

Vialla, Jack.» Er räusperte sich, spuckte aus und wollte zu seinem Wagen gehen.

Ich hielt ihn am Ärmel fest. «Du fährst nicht selber. Kommt überhaupt nicht in Frage. Was für eine Unstimmigkeit?»

«Achttausend Mark. Und dafür schlägt ein Brühl so zu? Der Mann ist doch Profi, das sind Peanuts für ihn.»

«Achttausend Mark sind für niemand Peanuts.»

«Doch, Jack, du hast es selber vorgerechnet.»

Ich steuerte den Wagen über den asphaltierten Zufahrtsweg auf die Bundesstraße zu. Es war fast zehn Uhr nachts. Wohin wollte er, wenn nicht nach Haus? Jedenfalls nach Ährenfurth, nahm ich an; ich fädelte den Wagen entsprechend ein.

Nach einer Weile sagte er, ich solle Richtung Sportplatz fahren.

5

«Weiter – weiter!» trieb Erich mich an und spuckte aus dem offenen Fenster.

Ich hatte vor den vielen Eingängen zu der Arena unseres «Vereins für Rasenspiele» meinen Fuß vom Gas genommen... Jetzt drückte ich wieder drauf. Wald rückte von rechts her gegen uns und die Straße vor, links ging die Bebauung zu Ende – Äcker dehnten sich aus. Fuhren wir in dieser Richtung weiter, so landeten wir in einem todlangweiligen Nest, das Untergrombach heißt.

«Wie bitte –?» fragte ich.

Erich hatte irgendwas gemurmelt; er wiederholte lauter: «Nächste rechts!»

«Du kannst doch um diese Zeit keinen Besuch mehr machen! Schon gar keinen dienstlichen –» Trotzdem bog ich ab, als rechts, wie angekündigt, eine asphaltierte Piste auftauchte: ohne Mittelstreifen, mehr forstwirtschaftlicher Weg als Straße. Wir fuhren durch Mischwald. Die Dunkelheit war jetzt rabenschwarz. Wir kamen ans Ende unserer Ährenfurther bewohnten Welt, künstliche Beleuchtung gab es hier nicht mehr.

Plötzlich schien hinter den Bäumen die Sonne aufzugehen, nachts fast um elf eine Unmöglichkeit. Sofort dachte ich an Feuer – es waren Scheinwerfer. In ihrem grellen Licht sah ich beim Heranfahren zwei Männer schwer schuften. Auf und nieder schwangen sie ihre Spitzhacken, auf und nieder – wie nach dem Krieg, als es noch keine Maschinen gab, beim Straßenbau. Wollten sie den großen Geräteschuppen abbrechen?

Ich fuhr an der Szene vorbei, die derb wirkte wie sozialistischer Realismus, und parkte vor einem Bauernhaus. Groß war es, aber schäbig. Kein Fachwerkbau, also nicht unter Denkmalschutz.

«Vorsicht!» warnte mich Erich, als ich den Zündschlüssel abgezogen hatte und aussteigen wollte... Ich als erster, weil ich annahm, ich müsse ihm helfen, ihn unterfassen.

Ein langes dunkles Tier war plötzlich mit sonorem Gekläff und langen Sätzen unterwegs zu mir. Zwei Pranken klatschten an die geschlossene Scheibe. Ein Wolfsgesicht bleckte mich an. Die spitzen gelben Hauer waren meiner Nase näher als meine eigenen Ohren – ich fuhr unwillkürlich zurück.

An seiner Seite ließ Erich die Scheibe unten; das fiel mir erst auf, als der kluge Hund bei mir verschwand und im nächsten Augenblick drüben seinen spitzen Kopf weit zu uns hereinstreckte. Und zwar nicht mit der Diskretion der Stillen, sein Rrrroff-rrroff ließ mich zusammenfahren wie einen Geisterseher.

«Jawoll, gib nur Laut», sprach Erich ihn an. «Es ist dein Revier und nicht unseres. Das wär ja noch schöner, wenn hier mitten in der Nacht das Lumpenpack auftauchen könnte, wie es will!» Er hielt ihm den Handrücken zum Beschnuppern hin. «Das ist doch klar, daß er melden muß, Jack. Es ist sein Job.» Er öffnete die Tür und trat auf den ungepflasterten Hof, in den Dreck also. Das Tier wich vor ihm zurück, aber nicht so, als ob es Angst hätte: Komm langsam näher, schien der Wolf zu sagen, und mach keinen Ärger.

Ich stieß die Luft aus, die ich angehalten hatte. Behutsam wagte ich mich nun auch ins Freie. Mit gefährlichen Tieren und Menschen ist Erich, seit ich ihn kenne, immer viel besser zurechtgekommen als ich. Er trifft aus Instinkt, ohne nachdenken zu müssen, die Mitte zwischen machtgeschützter Selbstsicherheit und komplizenhafter Einfühlungsbereitschaft.

Eine Frau stand vor der nach innen geschwenkten Tür – nicht genau zu erkennen, denn das Licht der Scheinwerfer reichte kaum bis zu ihr, und hinter ihr in den Flur schien nur Restbeleuchtung aus der Wohnstube zu fallen. Aber ich sah, sie war dick und trug so was wie eine Kittelschürze... Also vermutlich die Bäuerin.

Sie begrüßte Erich wie einen Bekannten, den man nicht mag: «Sie schon wieder... Was is denn no?» Als sie sich mir zuwandte, ging nichts Besonderes in ihrer Miene vor. Sie hielt mich für einen aus Sommerfelds Truppe. «Kommt halt rei –»

Wir nahmen auf der Eckbank unter dem Kruzifix Platz.

Zwischen den durchnagelten Füßen des Heilands steckte ein Trockenblumenstrauß.

Erich machte auf einmal einen bedrohlichen Eindruck, fand ich... Irgendein Verdacht mußte in ihm entstanden sein. Der Hund lag seitlich neben der Tür und ließ langsam die Augen zufallen.

Die Bäuerin fing erst, als das Schweigen bedrückend wurde, zu sprechen an. «Sie könne glei mit mir zum Stall nübergehe. Fünf Göggerln hams mer higmacht. Aber der Fuchs war des net. Oder legt der Fuchs eim die Federn von alle fünf Göggerln sauber auf ein Haufen, hm?»

«Vermutlich nicht.»

«Des warn wieder die Fußballer, bsoffen werns halt wieder gwen sei.»

«Ich setze mich mit dem VfR-Vorsitzenden in Verbindung... Das klären wir, Frau Schlehdorn. Die Tiere werden Ihnen ersetzt. Wie viele sind noch übrig?»

«Gar keins mehr.»

«Es waren doch mehr als fünf!»

«I bin so narret gwä, i han de andere au no d' Grinder raa gschlage und se in Backofe gsteckt... Wenn die meine, sie könne mir meine Göggerln stehle und fresse, dann fress ich se vorher lieber selber.»

Irgendwann in meiner Jugend war ich mal sehr beeindruckt von Bauern, die Ernst Wiechert in einem seiner Romane schildert... Die redeten da alle wie vom Weltgeist ergriffen. Der Natur waren sie so nah, daß sie das Wetter vorhersagten, indem sie einen einzigen Blick auf eine kleine Wolke am Horizont richteten. Sie kannten Waldgeister mit Namen.

Unsere Bauern schalten das Radio ein, wie wir andern, wenn sie wissen wollen, wie's Wetter wird. Ihr Dialekt aber ist nicht das Schwäbisch, das von uns in den Städten gesprochen wird. Er ist dem Alemannischen nahe geblieben und kann besonders die elementaren Gefühle, Wut zum Beispiel, urig deutlich machen.

Ihr Haar war weißgrau, wie Holzasche. Das fiel mir auf. Noch nicht fünfzig und schon so grau? Jede Städterin hätte ihr Haar getönt.

Nachdem sie ihre erste Aufregung weggeschwätzt hatte, besann sie sich auf ihre Hausfrauenpflichten. «Kann ich Ihne was kredenzen?»

«Tasse Kaffee wär recht –»

Sie setzte einen Kessel auf eine Gasflamme. Der Gasherd stand neben einem viel größeren, altmodischen Herd. Der wurde anscheinend noch mit Holz beheizt, wie von den Altvordern. Ich sah mich um und entdeckte, daß es sonst keinen Heizkörper gab – der Herd diente also mehr dem Aufwärmen des Raums im Winter. Logisch, denn dieses Haus sah zu alt aus, als daß der Einbau einer Zentralheizung sich gelohnt hätte... Andererseits besaßen die Bauern in dieser Gegend alle Wald, das Heizmaterial kostete sie nichts.

Sommerfeld merkte, daß ihre Erregung über den nächtlichen Besuch verflackert war. Plötzlich fing er an zu sprechen. «Das is doch der Geräteschuppen da draußen?»

«Ja, und?»

«Ah so. Und der neue Mähdrescher? Der Herr Vialla hat Ihnen doch einen Mähdrescher verkauft, soll der jetzt im Regen stehn?»

«Das geht mich nix an. Da müssen Sie meinen Mann fragen.» Aber die Tassen, die sie uns auf den Tisch stellte, klapperten: Ihre Hände flogen, sie hatte Angst.

«Wann wird der Mähdrescher denn angeliefert?»

«Ja, ich weiß nix. Um die Maschinen kümmert mein Mann sich.»

«Würden Sie ihn bitte mal rufen?»

«I weiß net, ob er jetzt Zeit hat.»

Diese Feststellung der Bäuerin beantwortete Erich mit dem bösen, hämischen Lächeln, das zu seinen Standardmethoden gehört, wenn er Vernehmungen durchführt. Die Bäuerin senkte den Blick und wandte sich der Tür zu. «Fragen kost ja nix –» Sie ging hinaus und ließ die Türen alle hinter sich offen.

Ich fragte leise: «Sag bloß, der Vialla will *hier* das Bombengeschäft gemacht haben, mit dem er dann im *Harem* so angegeben hat?»

«Das ist der Bauer Schlehdorn. Du könntest die Anklageschriften, die man dir gegen alle Vorschriften vor dem Prozeß in die Hand drückt, wenigstens querlesen, meinste nicht, großer Reporter?»

«Ja, aber Erich, verflucht noch mal – hier sind doch keine Tausender zum Verjubeln zu holen! Guck dich um.»

Er lehnte sich zurück und betrachtete mit Konzentration den Fliegenfänger, der mitten überm Tisch von der Decke hing; die schwarzen Mückenreste im klebrigen Gelb schienen seine Gedankengänge nicht zu stören. Nach einer Weile besann er sich auf den Hund, spitzte den Mund und schnalzte. Der Wolf, ausgestreckt auf altem Sackleinen, anscheinend sein Tagesbett, hatte die Augen schon wieder offen und stellte seine Ohren auf.

«Gutes Tier!»

«Erich, das ist ja dann *noch* 'ne Ungereimtheit in der Aussage von Vialla. Hier ist nichts abzusahnen. Das ganze Anwesen hat dringend 'ne Totalsanierung nötig. Gesund wirkt auf mich bloß der Hund –»

«Und selbst den ham sie nicht teuer bezahlen müssen, Jack. Er ist 'n Mischling. So was kriegste geschenkt.»

«Echt –?»

«Ich biete dir eine Wette an, daß in seiner Ahnengalerie ein Riesenschnauzer zu finden sein müßte.»

«Du, Erich, ich möchte dir jetzt mal freundschaftliche Fragen stellen, die du mit Sicherheit nicht gern hörst...»

Er warf mir einen sauren Blick zu. «Wirst du dienstlich?»

«Nein, noch frage ich nicht als Reporter – mehr aus Mitleid. Wie hast du es fertiggebracht, Viallas Aussage während der Voruntersuchung ohne Bedenken zu schlucken?»

Er machte eine abwehrende Handbewegung. «Das sind so Sachen, die passieren eben. Da liegt vor dir ein Mann im Krankenbett. Er kann kaum sprechen. Der Schrecken und die Angst stehn ihm noch in den Augen. Er sagt, ein gewisser Lump namens Brühl hat ihn zusammengeschlagen. Also wackelst du zu diesem Brühl hin und hörst dir an, wie er sich rauszulügen versucht. Du hörst dir an, wie seine Nutten ihm ein Alibi liefern. Du weißt verdammt genau, die Nutten lügen, und du siehst, wie der Zuhälter, was anderes ist er ja nicht, dir frech ins Gesicht grinst... Dein Bericht fällt so aus, daß der Staatsanwalt trotz Hosenflattern Anklage erhebt und das Schöffengericht ein Verfahren eröffnet... Letztlich rechnest du selbst mit einem Freispruch für den Lumpen. Du bedenkst hundert Sachen. Wo könnte noch ein Beweis zu finden sein? Das einzige, was du nie in Zweifel ziehst, ist Viallas Aussage.»

«Aber immerhin, du warst hier. Die Bäuerin erkannte dich wieder.»

«Selbstverständlich war ich hier!»

«Und der Bauer sagte, er hätte Vialla einen Mähdrescher abgekauft.»

«Richtig.»

«Und jetzt brechen sie den Schuppen ab.»

«Weiß der Geier – vielleicht bauen sie einen neuen?»

Die Bäuerin kam zurück – allein. Sie sagte, ihr Mann habe keine Zeit. Ob wir morgen wiederkommen wollten? Nach dem Abendessen vielleicht, gegen sechs.

Erich saß da wie vor den Kopf geschlagen. So etwas hatte er nicht erwartet. Bevor er noch einmal mit der Polizei sprach, wollte der Bauer Schlehdorn sich beraten lassen. Von wem? Er wimmelte Erich ab, er wagte das, er nahm es sich heraus.

Mein Freund hatte noch einiges zur Bäuerin zu sagen, bevor ich ihn überreden konnte, mit mir zum Wagen zu gehen.

6

Seit drei Minuten waren wir Redakteure der *Ährenfurther Nachrichten* bereits vollzählig im Konkurrenzzimmer (unser interner Spottname für den Konferenzraum) –, und immer noch fehlte unsere Chefetage. Das war ungewöhnlich. Das letzte Mal, sagte ein altgedienter Kollege, war es beim Attentat auf John F. Kennedy passiert. Ein Witzbold fragte: «Hat uns jemand den dritten Weltkrieg erklärt?»

In einer Ecke standen unsere drei Volontäre beieinander und flüsterten. Eine Art Zeitung auf rötlich gelbem Papier ging raschelnd von Hand zu Hand. Immer bemüht, guten Kontakt mit denen zu halten, die morgen an meinem Stuhl sägen werden, schloß ich mich der Jugend an. «Neues Pornoblättchen auf'm Markt?»

«Herr Nestor», sagte der junge Mann aus Gellwangen,

«Sie meinen, Sie machen einen Witz – aber es ist keiner.» Und er reichte mir die vier Blätter Raschelpapier. «Das lag heute früh am Gellwanger Busbahnhof auf. Kostenlos. Die Leute haben es sich gegenseitig aus den Händen gerissen.»

Das Blättchen hieß schlicht *Der Wutz*. Ein rätselhafter Titel für jeden Fremden, für Heimatkundige aber eine Banalität. Im Dreißigjährigen Krieg, als die Schweden auf Gellwangen marschierten, erschien dem Stadthauptmann zu früher Morgenstunde ein kniehohes, glühendes Lichtmännlein. «Ich bin der Wutz», sagte es zum Stadthauptmann, «der gute Geist eurer Stadt. Wenn die Schweden kommen, dürft ihr nicht vor lauter Schreck kapitulieren. Verschließt die Tore, bemannt die Mauern und bewaffnet euch. Drei Tage lang werden die Schweden unser Gellwangen belagern, aber dann ziehen sie ab.»

Der Hauptmann ging mit dieser guten Nachricht unverzüglich zu den Stadtvätern, die im Ratszimmer hockten und zitterten. Er riet ihnen, auf den Wutz zu hören. Seither – weil die Schweden tatsächlich nach drei Tagen abzogen – zeigt das Gellwanger Wappen einen lichtstrahlenden kleinen Dämon mit freundlichem Grinsen und listigem Blick. Der übliche Rest von heidnischem Aberglauben im christlichen Umfeld. Der Wutz soll auch später gelegentlich erschienen sein, vor allem jungen Damen, die sich in amouröser Notlage befanden, und gab jedesmal gute Ratschläge. Arroganten Tölpeln, die nicht auf ihn hören wollten, spielte er allerdings schlimme Streiche. Im ehemaligen Kornhaus von Gellwangen gab es eine Wutzenklause, dort hauste er angeblich.

Es war mir nicht neu, daß Rudi Kräck seit längerem mit der Idee schwanger ging, diese nette, kleine Dämonenfigur zu vermarkten. Was ihm vorschwebte, war ein sogenanntes

Anzeigenblatt: Es sollte finanziert werden aus Annoncen, attraktiv wirken durch Kräcks Humoresken – nette Glossen mit lokalem Bezug – und kostenlos verteilt werden. Einen Drucker hatte er schon seit Monaten an der Hand, der bereit war, eine erste Nummer auf eigenes Risiko zu drucken und vertreiben zu lassen... Doch Kräck hatte bisher immer gezögert.

Wenn das Blatt nichts wirklich Neues berichte, befürchtete er, werde es sich nicht durchsetzen und ein Verlustgeschäft werden. Soviel ich mich erinnerte, war zwischen ihm und dem Drucker sogar eine vertragliche Vereinbarung zustande gekommen. Man hatte eine Wutz-Verlagsgesellschaft m. b. H. gegründet, an der Kräck zu einem bestimmten Prozentsatz beteiligt war. Das alles hatte er mir gelegentlich ohne besonderen Nachdruck erzählt, nur um meine Meinung zu hören. Ich hatte ihn sachte ermutigt, aber innerlich die Schultern gezuckt: Während mehr und mehr kleine Zeitungsverlage von den Großen der Branche aufgekauft wurden, schien es wenig sinnvoll, ohne ausreichende Kapitalbasis eine neue Zeitung zu gründen. Andererseits, wenn sie es schafften, aus dem *Wutz* eine Art Stadt-Info für Gellwangen zu machen, warum nicht? Damals hatte gerade der Boom alternativer Stadtzeitungen begonnen. Vielleicht konnte der *Wutz* so etwas werden.

Und nun hielt ich also die erste Nummer in der Hand. Sie hatten es riskiert. Warum jetzt? Mit dieser skeptischen Frage im Kopf studierte ich die Schlagzeile, die sich über die gesamte erste Seite zog. ER NENNT SIE ALLE MAUSI. Und die Unterzeile: «Stadtdirektor Dr. Hübner sorgt gern für Ordnung in der *Harem*-Bar».

Ich sah auf, mein Blick fiel auf die Gesichter der Volontäre. Einer grinste, einer machte ein tiefernstes und besorgtes Gesicht, der dritte sah aus, als müsse er über den rechten Kommentar erst noch gründlich nachdenken.

Das Telefon auf unserem Konferenztisch schellte, und unsere Redakteurin für Kirchenfragen nahm ab. «Ja, selbstverständlich, er ist da...» Sie legte die Hand über den Hörer. «Herr Nestor? Sie möchten bitte gleich raufkommen zum Chef.»

«Darf ich das mitnehmen?» fragte ich die Volontäre.

«Klar. Aber bringen Sie's wieder. Die erste Ausgabe ist in Gellwangen schon vergriffen.»

Im Lift überflog ich, was Rudi Kräck sich zum Gaudium seiner Leser abgerungen hatte. Es begann launig und frohgemut, wie alle seine Stories, im Glossenstil. Zuerst schilderte er die *Harem*-Bar, wie es da aussah und roch und was es kostete, wenn man ein Bier bestellte – dann die Damen. Ginger und Kim und Lady wurden mit Namen genannt.

Er rekapitulierte den Prozeß gegen Holger Brühl – nichts Neues, denn die Tatsachen hatten wir bereits in unsern Gerichtsberichten ausgebreitet. Aber auf komische Weise neu aufbereitet. Der alte Salat sozusagen, doch nun mit Humor gewürzt.

Der Hammer lag im letzten Absatz verborgen und traf sogar mich unerwartet. ‹Beschwerden wegen Lärmbelästigung und Gefährdung der öffentlichen Sittlichkeit und Sicherheit› nimmt der Ährenfurther Stadtdirektor Dr. Hübner schon immer sehr ernst. Im Falle der *Harem*-Bar so ernst, daß er mehrfach vor Ort zur persönlichen Kontrolle aufgetaucht ist. Er nennt die Damen mittlerweile vertraulich «Mausi». Und die Damen nennen ihn «Schatzi»... Um eine Verschleuderung öffentlicher Gelder durch übertriebenen Speseneinsatz brauchen sich Ährenfurths Ratsherren jedoch keine Sorgen zu machen: Es ist für ein jedes «Mausi»

Ehrensache, sein «Schatzi» gratis zu bedienen. Wie Kenner des Ährenfurther Nachtlebens versichern, gibt es keine Freundlichkeit, die einem Herrn in der *Harem*-Bar verweigert wird.

Ich glaube, ich war nicht ganz bei mir, als ich das Büro unseres Verlegers betrat – der Verstand stand mir still. Das hatte Rudi Kräck zu publizieren gewagt? Der schwerfällige, asthmatische Kräck, der sich immer erst umsah, bevor er mir seine unbedeutenden Geheimnisse ins Ohr flüsterte? Welcher Teufel hatte ihn geritten? Wie meinte er, einer Verleumdungsklage entgehen zu können?

Als Redaktionsleiter der Gellwanger Lokalausgabe unserer Zeitung war er dem gleichen Dienstherrn verpflichtet wie ich, dem Druckhaus also, das den Namen unseres Verlegers trägt und in Wirklichkeit einem Ulmer Pressekonzern gehört.

Unser Verleger war ein kleiner, rundlicher Mann, dessen freundliche Miene klar signalisierte, was er von seinen Redakteuren zu hören wünschte: die *gute* Nachricht. Schlechte gab es im Fernsehen genug. Ein Spiegel der Heimat sollte die Heimatzeitung sein, um also was zu spiegeln? Unser Verwurzeltsein in einem Raum, der uns durch Tradition wie durch Fortschritt ans Herz gewachsen war.

So stand es in der Einleitung des Prospekts, mit dem für die *Ährenfurther Nachrichten* geworben wurde. Auch Gellwangen wurde mit diesem Prospekt reich versorgt.

Rudi Kräck saß nicht, er stand vor dem Schreibtisch des Verlegers. Daß der Chef jemand nicht zum Sitzen aufforderte, hatte ich selten erlebt. Der stehende Kräck verriet mir, daß hier um Tod und Leben gekämpft wurde. Wie im Dreißigjährigen Krieg, nur mit andern Mitteln.

Unser sonst so konzilianter Boss erblickte das rötlich

gelbe Papier in meiner Hand und sagte: «Ich sehe, Sie sind informiert. Herr Nestor, ich habe Sie nicht als Kollegen von Herrn – äh –» Er hatte Rudis Namen bereits vergessen. «– herauf gebeten. Sondern in Ihrer Eigenschaft als Redaktionssprecher. Nach unserm Statut hat die Redaktion ein Mitspracherecht, wenn personelle Veränderungen – äh –»

«Ja», sagte ich. «Was denn für Veränderungen?»

«Die gute Ordnung unseres Hauses erfordert es, daß ich Sie höre, bevor ich eine fristlose Freistellung anordne.»

Bisher hatte ich von Rudi nur den Rücken gesehen, breit wie der eines Ochsen. Nun warf ich ihm einen Blick von der Seite zu. Unter seinem flachen Stupsnäschen schob sich der Unterkiefer massiv und breit vor und deutete auf geheime Kraftquellen hin. Über der kranken Augenpartie wölbte der Schädel sich kuppelartig über einem Hirn, das also doch da sein und funktionieren mußte.

Er trug dunkel. Aber er trug immer dunkle Anzüge mit langweiligen Schlipsen über bügelfreien Hemden. In Jeans war dieser Mensch unvorstellbar. Durch Angepaßtheit war er mir immer aufgefallen, nicht durch Aufmüpfigkeit.

Seit zehn Jahren etwa war er verheiratet mit einer dicken Gellwangerin angeblich schlesischer Herkunft... Er hatte drei Kinder mit ihr und konnte sich schon mit Rücksicht auf diese Familie keinerlei dumme Streiche leisten.

Ich begab mich auf den schmalen Grat zwischen lebensklugem Realismus und verpflichtender Kollegialität: «Einem Familienvater fristlos zu kündigen, ist immer ein heikles Unternehmen... auch arbeitsrechtlich.»

Bös guckte der Verleger.

Ich wandte mich an Rudi: «Zu deiner Story muß ich allerdings sagen, sie hat mich schon befremdet. Der Stadtdirektor ist überhaupt nicht zitiert. Hast du ihm denn keine Gelegenheit gegeben, zu deinen Vorwürfen Stellung zu nehmen?»

«Ich habe ja auch keine –» Kräck räusperte sich. «Es sind von mir ja auch keine Vorwürfe gegen Herrn Dr. Hübner erhoben worden, Jack.» Ich wollte etwas sagen, und auch der Alte setzte zu einem Kommentar an, aber Rudi redete uns eilig nieder: «Sie stehen beide unter einem falschen Eindruck, meine Herren. Die *Harem*-Bar ist ein legaler Betrieb. Der Besuch steht jedem Erwachsenen frei, auch Herrn Dr. Hübner. Und die Damen sind dort als Gesellschafterinnen tätig. Sie sind nicht beleidigt, wenn man ihnen Kosenamen gibt, sie erwarten das.» Er wandte sich an den Verleger: «Und noch ein Wort zur Gastfreundlichkeit – es ist allgemein üblich, daß in solchen Häusern prominente Besucher freigehalten werden. Das stellt keinen Skandal dar. Ich bin ganz entgegen Ihren Vorwürfen der wohlerwogenen Auffassung, daß mein Artikel im *Wutz* Herrn Dr. Hübner in gar keiner Weise schadet.»

«Jedenfalls können Sie nicht diese Art Bericht im *Wutz* schreiben und gleichzeitig als Mitglied meines Redaktionsstabs –»

«Entschuldigen Sie, aber mein Arbeitsvertrag gestattet mir freie Mitarbeit in andern Häusern. Sofern es meine dienstlichen Pflichten Ihnen gegenüber nicht beeinträchtigt.» Er drehte seinen massigen Kopf zu mir herüber: «Jack, als unsern Sprecher mache ich dich ausdrücklich aufmerksam, daß ich eine Kündigung für nicht gerechtfertigt halte und gerichtlich dagegen vorgehen muß. Von meiner Gewerkschaft erwarte ich Rechtsschutz in jeder Form. Der Artikel enthält lediglich Tatsachenbehauptungen, von denen ich jetzt erst erfahre, daß sie als peinlich empfunden werden könnten. Das ist eine Gummi-Formulierung. Jede Tatsachenbehauptung kann von irgendwem als peinlich empfunden werden. Fakten und ihre Publikation unterstehen dem Schutz des Grundgesetzes, speziell dem Passus über die Freiheit der Meinungsäußerung. Ich fühle mich durch die Kündigung in meinen Grundrechten verletzt und erhebe schärfsten Protest.»

Der Verleger sah mich an.

Ich sagte: «Bitte, geben Sie mir ein paar Stunden Zeit. Ich muß mich rechtskundig machen.»

Er nickte und wedelte mich mit einer einzigen Handbewegung aus seinem Büo. Während ich ging, hörte ich ihn zu Rudi sagen: «Sie sind beurlaubt bis zu meiner endgültigen Stellungnahme, an der sich allerdings nichts mehr ändern wird.»

Rudis stampfende Schritte ertönten hinter mir. Ich nickte der Vorzimmerdame zu, als ich die Tür für meinen Kollegen aufhielt. Er folgte mir auf den Flur hinaus. Ich fragte: «Haben sie dir ins Gehirn geschissen?»

«Aber die Rechtslage –»

«Rudi, du hast die *Macht*frage gestellt!»

Er lächelte furchtsam.

«Und Macht», sagte ich, «geht allemal *vor* Recht.»

Die großen Augen glotzten mich durch die Brille an. «Nicht immer, Jack», sagte er überraschend. «Auch 's Recht kann manches Mal eine Macht werden.»

7

Dreißig Minuten später saß ich vor Erichs Schreibtisch und sah ihm bei der Lektüre des *Wutz* zu. Erich verkörperte ohne Zweifel das Recht, und eine gewisse Macht hatte er auch – manchmal.

Der Mund blieb ihm offen stehen, als er den letzten Passus gelesen hatte. Er fing damit noch mal von vorn an, dann knallte er die Zeitung auf den Tisch wie etwas Ekliges. «Was hat diese Kanaille vor, Jack?»

«Ja, ja, es ist so was wie Hochverrat... Aber, Erich, wenn ich nicht will, daß der Kollege mich journalistisch ins Abseits spielt, dann muß ich auch mit was kommen!»

«Du denkst natürlich wieder nur an deine eigene, schmutzige kleine –»

«Ach, hör doch auf, mir Moral zu predigen. Wenn *ich* was Neues hab, vergessen die Leute noch am ehesten, was Kräck Neues hatte. Nichts ist so tot wie die Nachricht von gestern.»

Er ließ sich in seinen Stuhl zurückfallen, daß die Lehne ächzte. Eine Minute lang starrte er mich böse an. Da ich ihn kenne, beeindruckt der Blick mich nicht mehr. Nach einer Weile schloß er die Augen. «Was ist der Kern der Affäre?»

«Das erschwindelte Alibi.»

«Nein, Jack – angefangen hat alles damit, daß ein Vertreter für Landwirtschaftsmaschinen einem Bauern namens Schlehdorn einen Mähdrescher verkauft hat, nicht? Den Abschluß empfand er als so günstig, daß er in die *Harem*-Bar feiern ging. Das ist doch unbestritten, oder?»

«Insoweit schon. Bloß daß Viallas Schilderungen der dann folgenden Ereignisse –»

«Lassen wir die mal aus. Jedenfalls, um 18 Uhr abends an

diesem Tag wird Vialla im Straßengraben aufgefunden. Böse zugerichtet. Jemand hat ihn derart zusammengeschlagen und -getreten, daß die Chirurgen von einer Wirbelfraktur sprechen. Das wissen wir ganz genau. Fraglich erscheint uns *jetzt* lediglich, ob Vialla uns über den Ablauf der Handgreiflichkeiten die reine Wahrheit gesagt hat.»

Ich räusperte mich.

«Ja?» fragte er scharf.

«Seine Frau... Im Prozeß hieß es, und auch schon vorher, sie habe ihm verziehen.»

«Ja?»

«Nimm an, die Story mit dem verjubelten Geld stimmt... Da hat er nun gut verdient, und was tut er? Holt sich fünf nackte Maiden in den Whirlpool, statt eine Einzahlung aufs Sparkonto zu tätigen.»

«Red weiter.»

«Da wär die Frau doch nicht so leicht zu versöhnen, nehm ich an. Aber wenn es so *nicht* stimmt, Erich – und er hat seiner Frau anvertraut, wie es in Wirklichkeit abgelaufen ist –?»

«Wie kann es denn abgelaufen sein?»

«Jetzt stellst du wieder eine Gegenfrage. Mach lieber einen produktiven Vorschlag.»

8

Viallas Haus lag außerhalb der Gellwanger ehemaligen Stadtmauern an einem Südhang. Über den Holzgitterzaun neigten sich blühende Goldregen- und Fliedersträucher. Vom Verkehrslärm der engen Straßen war hier oben nichts zu hören, neben vorindustrieller Stille hatte man einen herrlichen Rundblick über die ganze Stadt.

Vialla konnte nicht schlecht verdienen. Das Haus war ein zweistöckiger, weißgetünchter Bau mit Satteldach und zwei Kaminen. Der Vorgarten zur Straßenfront war nur ein Handtuch, aber das Hanggrundstück talwärts schätzte ich auf wenigstens tausend Quadratmeter. Es waren Terrassen angelegt, die – soweit man das im Frühjahr bereits erkennen konnte – mit Blumen bepflanzt waren, nicht mit Gemüse.

In der Garageneinfahrt stand ein Mercedes-Sportcoupé. Dahinter allerdings, wenig passend, ein klappriger Ford mit Rostflecken an den Kotflügeln.

Erich parkte seinen eigenen Dienst-Mercedes am Straßenrand, und ich stellte mich dahinter. Durch die Windschutzscheibe beobachtete ich, wie er durch den Vorgarten stampfte und an der Haustür klingelte. Eine mollige Frau in mittleren Jahren öffnete... Frau Vialla zweifellos.

Da Erich die Viallas noch einmal in die Verhörzange nehmen wollte, konnte ich ihn als Journalist unmöglich begleiten. Ich klingelte also am Nachbarhaus, wies mich als Pressemenschen aus und gab vor, für meine Zeitung ein Panoramafoto von Gellwangen im Tal schießen zu wollen.

Man ließ mich ohne weiteres auf den Balkon vor dem Schlafzimmer. Von hier aus hatte ich einen guten Blick nicht nur ins Tal, das ich pflichtschuldig fotografierte, sondern auch aufs Gartengrundstück der Viallas.

Erich Sommerfeld war dort noch nicht aufgetaucht; vermutlich hatte er eben die Hausfrau in die gute Stube genötigt und machte den wenig aussichtsreichen Versuch, sie unter Druck zu setzen. Falls sie schlau war, hatte sie sich anwaltlich beraten lassen und wußte, daß sie gegen ihren eigenen Mann nicht auszusagen brauchte, vor der Polizei schon gar nicht.

Vialla selbst hatte seinen Rollstuhl in den Schatten eines

blühenden Kirschbaums schieben lassen und fütterte Singvögel. Sie waren so zahm, daß sie ihm Körner von der ausgestreckten Hand pickten. Neben ihm saß ein junger Mann, der mir bekannt vorkam. Viallas Pfleger war es aber nicht. Ein Mensch mit kräftigem Körper und groben Gesichtszügen. Er stand plötzlich auf und wandte sich um ... Jetzt erschien Sommerfeld in Gesellschaft der Frau. Einige Worte wurden gewechselt. Sommerfeld setzte sich zu Vialla auf einen weißen Gartenstuhl, und der junge Mann ging mit der Frau ins Haus. Vielleicht war er es, der den klapprigen alten Ford fuhr.

Ich packte meine Kamera zusammen und verabschiedete mich eilig. Als ich zu meinem Wagen kam, fuhr der Ford bereits an mir vorbei. Ich folgte dem Wagen ... Es ging zurück nach Ährenfurth, eine langweilige Fahrt von mehr als einer halben Stunde. Im Stadtgebiet von Ährenfurth hätte ich den Ford beinahe verloren; immer noch war mir nicht eingefallen, wo ich den jungen Mann schon mal gesehen hatte. Er führte mich an der Salvatorkirche vorbei Richtung Untergrombach – da fiel es mir ein.

Im Licht der Scheinwerfer, als wir die Schlehdorns nachts besucht hatten, war er dem Altbauern beim Abriß des Geräteschuppens zur Hand gegangen. Die landwirtschaftliche Hilfskraft? Der Sohn? Ich wußte es nicht. Aber das Ziel der Fahrt war jetzt klar.

Ich wendete und brachte den belichteten Film zum Entwickeln in unser Redaktionslabor. Dann fuhr ich zum Gehöft der Schlehdorns hinaus.

Bei Tag sah es noch kümmerlicher aus als in der Nacht. Der Schuppen war inzwischen weg – bis auf die Grundmauern. Er hatte sich in drei Haufen loser Ziegelsteine verwandelt. Wollten die Schlehdorns mit diesen Steinen ein neues, besseres Gebäude errichten? Ich sah mir die Geräte an, die nun ungeschützt im Freien standen. Da war ein Traktor, eine Egge, ein Heuwagen... alles alte Maschinen. Vom neuen Mähdrescher, dessen Verkauf Vialla im *Harem* gefeiert hatte, war nichts zu sehen.

Von den Schlehdorns auch nicht. Ich klopfte an die Tür und wurde von dem jungen Mann empfangen, dem ich von Gellwangen her gefolgt war. Er hielt den heulenden Wolf an einem Würgehalsband fest.

«Ja?» fragte er mich.

«Herr Schlehdorn junior?»

«Wir sind beim Essen.»

«Das tut mir leid, aber –» Ich zeigte ihm meinen Presseausweis.

«Mir ham keine Zeitung nicht abonniert», sagte er auffallend kalt und abweisend.

«Ich will Sie auch nicht als Abonnent werben. Meine Aufgabe ist die Berichterstattung, Herr Schlehdorn. Und zwar geht es um den Rechtsstreit zwischen Herrn Vialla und der *Harem*-Bar beziehungsweise deren Besitzer, Herrn Holger Brühl. Sie kennen doch Herrn Vialla, Sie haben ihm einen Mähdrescher abgekauft.»

Jetzt war er hellhörig geworden. «Was geht denn *uns* das an?» fragte er logischerweise.

Ich lächelte ihn nett an. «Herr Schlehdorn, wir Zeitungsleute sind immer bemüht, unseren Lesern nicht nur endlose Textspalten zu bieten, sondern auch interessante Fotos. Jetzt hätte ich halt gern als Illustration zu einem Bericht über diesen Rechtsstreit ein Foto von Ihrem neuen Mähdrescher geschossen. Ich seh ihn aber nirgends. Wo haben Sie ihn denn versteckt?»

Er schluckte langsam und geräuschvoll runter. «Der Kauf ist storniert.»

«Der Mähdrescher ist gar nicht geliefert worden, meinen Sie?»

«Sehr richtig.»

«Da wird Herr Vialla aber enttäuscht sein, da entgeht ihm ein gutes Geschäft.»

Etwas in seiner Miene änderte sich, sie nahm einen bösartigen Ausdruck an. «Hauen Sie jetzt freiwillig ab, daß wir essen können, oder muß ich den Hund loslassen?»

Ich machte, daß ich zu meinem Wagen kam. Als ich den Motor anließ, stand der junge Schlehdorn immer noch, den Hund am Halsband, in der offenen Tür. Auch sein Vater war inzwischen dort aufgetaucht; seitlich hinter ihm. Ich sah ein breites, argwöhnisches Gesicht, sehr braun gebrannt von der Arbeit im Freien, darüber einen dunklen Haarschopf.

9

Die zweite und vorletzte Ausgabe, die jemals vom *Wutz* erschienen ist, wurde in einer flächendeckenden Auflage von 200000 Exemplaren ausgeliefert; also gleich für die ganze Region. GEFLÜCHTET NACH VADUZ stand als Schlagzeile über der ersten Seite. Sehr wirkungsvoll, aber ein Trick.

Kräcks Artikel – humorvoll im Ton, wie immer – begann mit der Feststellung, daß nicht etwa der Stadtdirektor die Flucht ergriffen habe. Vielmehr sei er selber, Kräck, aus Angst vor der durch Dr. Hübner angedrohten Verleumdungsklage, für einige erholsame Tage nach Liechtenstein emigriert.

Dort habe er im fürstlichen Schloß herrliche Gemälde bewundert; späterhin auf den verlassenen nächtlichen Straßen vergeblich nach einer lauschigen Bar wie dem *Harem* Ausschau gehalten. Leider habe er weder außer- noch innerhalb von Bars so charmante Damen kennengelernt wie die süßen Mausis des Stadtdirektors, Lady, Kim und Ginger.

Es sei ihm jedoch gelungen, einen andern, auch nicht uninteressanten Kontakt Dr. Hübners ausfindig zu machen. Es sei ein treuhänderischer Finanzverwalter, der über zwanzig Holdinggesellschaften für auswärtige Investoren beaufsichtige... darunter die IMMO-INVEST.

Der Kopf des Finanzverwalters zierte eine Fotografie, die in den Text eingeblockt war. Neben dem Kopf sah man einen Sektkübel, und hinter dem Sektkübel war das Gesicht Dr. Hübners zu erkennen. «Aufgenommen in Zürich/Schweiz, in Vaduz/Liechtenstein oder in der *Harem*-Bar/Ährenfurth? Wer richtig rät, erhält einen schönen Überraschungspreis.» Soweit die Bildunterschrift.

Wieder ließ Rudi den Hammer erst im letzten Paragraphen los. «Wie unser *Wutz*-Team erfährt, befaßt sich die IMMO-INVEST vor allem mit Grundbesitz. Er muß in stadtnaher Randlage käuflich zu erwerben sein, um die IMMO-Profis zu interessieren. Sie kaufen meist über Mittelsmänner, die bei den Grundeigentümern keinen Verdacht auslösen, zu Billigstpreisen. Dann warten sie in Ruhe ab, bis Äcker und Wälder als Bauland ausgewiesen werden – seitens der zuständigen Gemeinden und ihrer führenden Vertreter. Wie Dr. Hübner einer ist.»

10

Gellwangen hat beizeiten nicht nur Südhang-Parzellen für die Eigenheime des gehobenen Mittelstands bereitgestellt; man dachte auch an die sozial Schwächeren. Für kinderreiche Arbeitnehmerfamilien wurde das sogenannte Parkviertel errichtet. Um einen flachen Servicetrakt mit Pizzeria, Café und Arztpraxen gruppieren sich mehrere drei- und einige achtstöckige Blocks mit Sozialwohnungen. Einen direkten Sichtkontakt zwischen dem Parkviertel im Tal und dem Südhang der Viallas gibt es nicht; die Wallfahrtskirche, auf einem bewaldeten Hügel gelegen, versperrt ihn.

Ich steuerte das Parkviertel an, Block C, wo Rudi Kräck wohnte. Als ich auf eine der Besucherstellflächen einschwenkte, fiel mir der Dienstmercedes von Erich Sommerfeld auf – und ein zweiter, dunklerer Mercedes, der auch eine überlange Antenne hatte. Erich war mit einer ganzen Streitmacht angerückt.

Ich sprintete durch den Nieselregen zum Eingang Nr. 5, klingelte und wartete auf eine Reaktion aus der Sprechanlage. Kräck meldete sich selbst – aufgeregter als sonst klang seine asthmatische Stimme: «Wer ist da?»

«Dein Kollege Nestor. Tag, Rudi. Darf ich raufkommen?»

«Du, im Moment ist es schlecht...»

«Ich komme dienstlich, und zwar direkt vom Ährenfurther Rathaus. Dr. Hübner ist soeben vom Bürgermeister in Ferien geschickt worden, da seid ihr also schon zwei Beurlaubte... Du berichtest nicht mehr bloß über die Ereignisse, mein Lieber, du machst sie selber. Ich bitte demütig um ein Interview oder wenigstens um einen kurzen Kommentar.»

Räuspern. Dann ein ersticktes Lachen. Der Öffner summte.

Einen Lift gab es nicht. Ich mußte zu Fuß in den dritten Stock hinauf; Rudi erwartete mich selbst an der Wohnungstür und bat mich hinein. Noch während er meine ausgestreckte Hand mit seinen beiden Händen umfaßte und sie auf- und niederschwenkte wie einen Pumpenschwengel, beugte er sich zu meinem Ohr. Er brachte es fertig, gleichzeitig über seine Schulter zu sehen: «Was ich sage, druckt ihr ja doch nicht.»

«Was ich schreibe, haben sie noch meistens gedruckt...» Schon im Flur hörte ich die wenig angenehmen Geräusche, mit denen eine ganze Horde von Kriminalbeamten eine Wohnung durchsucht. Möbel wurden verrückt, Schubladen aufgezogen, Schranktüren zugeschlagen. Sommerfeld kam auf den Flur gestampft und musterte mich grantig. «Allmählich findet hier jede Polizeiaktion unter den Augen der Presse statt –»

Diese Stimmungen kenne ich von ihm. Ich zog ihn beiseite: «Du kriegst doch niemals einen Durchsuchungsbefehl, wenn du keinen konkreten Verdacht äußerst.»

«Vielleicht hab ich einen geäußert!»

«Ohne daß eine Strafanzeige vorliegt?»

«Dr. Hübner hat Anzeige erstattet.»

«Und läßt sich gleichzeitig beurlauben? Oder weißte das noch nicht?»

«Erklärungen gebe ich erst in der Pressekonferenz!» Er wandte sich ab.

«Erich! Jetzt häng nicht den Bürokraten raus. Strafanzeige weswegen?»

«Versuchte Erpressung.»

Da er mich stehenließ und schon wieder im Wohnzimmer verschwand, folgte ich Rudi in die Küche. Er nahm an einem kleinen Eßtisch Platz, wo bereits Rechtsanwalt Dr. Becher saß und mich mit dem Lächeln des alten Bekannten begrüßte.

Er trug die Haare schulterlang, wie in seiner Studentenzeit, er war mir durchaus sympathisch. Auch politisch war er noch aktiv, jetzt als Kommunalpolitiker.

«Tut mir leid, wenn ich störe –»

«Aber im Gegenteil! Uns kann es nur recht sein, wenn dieser eklatante und skandalöse Übergriff gegen die schutzwürdigen Informationsquellen eines derzeit freien Journalisten publik gemacht wird!»

«Das ist ja schon ein Plädoyer, Herr Dr. Becher –»

«Haben Sie eine Ahnung! Vor Gericht rede ich noch ganz anders!»

Sommerfeld bellte aus dem Zimmer herüber: «Herr Kräck! Wollen Sie sich bitte mal herbemühen?»

Rudi entschuldigte sich und bewegte seinen massigen Körper hinaus – monströs hochgewachsen und schwergewichtig kam er mir in den kleinen Räumen der Sozialwohnung vor. Ich setzte mich zu Becher und sagte leise: «Vertrauen gegen Vertrauen, Herr Rechtsanwalt. Ich kann mich für Rudi nur stark machen, wenn ich weiß, was gespielt wird.»

Er grinste und sagte genauso leise: «Ihr Freund Sommerfeld weiß selbstverständlich, daß irgend jemand Herrn Kräck was gesteckt haben muß.»

«Okay – wer war es?»

Er schüttelte nur den Kopf, seine Miene nahm einen spöttischen Ausdruck an.

«Können Sie mir denn gar nichts sagen? Wem gehört diese in Vaduz registrierte IMMO-INVEST?»

«Nix.»

«Sie sitzen doch selber im Ährenfurther Stadtrat! Wenn ihr über den Plänen brütet und euch überlegt, in welche Richtung die Stadt noch wachsen könnte – wohin schaut ihr? Ich will bloß eine Himmelsrichtung von Ihnen wissen.»

«Norden.»

«Also Untergrombach?»

«Zum Beispiel.» Er räusperte sich. «Das ist zwar ein Geheimnis, aber ein offenes. Es gibt schon zu viele Eingeweihte.»

Sommerfeld erschien. Dampfend vor Genugtuung schob er Kräck vor sich her und schwenkte in der andern Hand ein Protokoll: «Bauausschuß, nichtöffentliche Sitzung! Ich will von Ihrem Mandanten wissen, woher er dieses streng vertrauliche Papier hat!»

Becher stand auf und sagte mit kalter Miene, aber in freundlichem Ton: «Als Journalist ist Herr Kräck gehalten, seine Quellen abzuschirmen. Herr Kräck ist bereit, den Schutz seiner Informanten vor jede andere Erwägung zu stellen.»

«Bis zur Beugehaft?»

«Drohen Sie uns etwa?» Bechers Grinsen wurde plötzlich breit.

Sommerfeld warf mir einen Seitenblick zu. Er sah die Warnung in meinen Augen und bezähmte seine Wut: «Ich deute nur eine denkbare Möglichkeit an.»

«Mit Möglichkeiten setzen wir uns auseinander, wenn sie aktuell werden.»

«Das Protokoll ist beschlagnahmt.» Erich nannte den Paragraphen, der die Beschlagnahme erlaubt. Ich verabschiedete mich, ging runter zu meinem Wagen, setzte mich rein, wartete und rauchte.

Dem Bauausschuß gehörten Damen und Herren aller drei Fraktionen an, die Bürgermeisterstellvertreter und selbstverständlich auch der Stadtdirektor. Mit Sicherheit konnte man derzeit nur Hübner selbst als Informanten ausschließen.

Eine halbe Stunde verging. Dann kamen sie – zuerst das Durchsuchungsteam, schließlich Erich selbst. Er ließ seine Leute wegfahren. Mit einem kurzen Nicken in meine Richtung fuhr er selbst los und bog unterwegs in eine Seitenstraße ab. Ich folgte ihm und stieg, als er anhielt, in seinen Wagen um.

«Also –?» fragte er.

«Du hast vielleicht einen Ton am Leib manchmal...»

«Jack, ich kann dich nicht als Freund anreden bei so einer Durchsuchung! Was denken sich sonst Figuren wie Becher und Kräck?»

«Das richtige, fürchte ich. Hast du Zeit?»

«Wofür?»

«Die Stadt will neues Bauland ausweisen. Offiziell ist noch gar nichts, aber man redet über den Norden – landwirtschaftlich genutztes Gelände an der Straße nach Untergrombach... Leider kann ich dir *nicht* sagen, ob die Stadt höchstselbst dort schon Land aufgekauft hat. Falls ja, dann sicher sehr diskret, damit die Preise nicht hochschnellen.»

«Was kost'n der Quadratmeter Ackerland da draußen?»

«Zwanzig Mark, rund.»

«Und wenn's Bauland wird?»

«Das Zehnfache... Wie groß ist der Hof von Schlehdorns, hast du 'ne Zahl im Kopf?»

«Elf Hektar.»

«Zu groß zum Sterben, aber zu klein zum Leben.» Unwillkürlich war ich enttäuscht.

Er glotzte mich an. «Elf Hektar sind elfmal zehntausend Quadratmeter, Jack. Laß es Bauland werden, dann ist jeder qm seine 200 Mark wert, sagst du. Okay, hundertzehntausendmal zweihundert Mark sind wieviel?»

«Herr des Himmels. Zweiundzwanzig Millionen! – oder hab ich mich in den Nullen verzählt? Erich, wenn der Bauer den Hof als Hof verkauft, also als Agrarunternehmen, dann kriegt er dafür bloß 200 000 und ein bißchen was.»

«Das tut er nur, solang er nicht weiß, daß es Bauland werden soll.»

«Er hat einen Mähdrescher gekauft, bei Vialla. Inzwischen ist der Kauf wieder storniert. Als er kaufte, war er ganz sicher, daß er ihn brauchen, also den Hof weiterführen würde... Und als er stornierte?»

«War er zu einer Information gekommen, die ihn zu einer andern Überlegung zwang, oder?» Diszipliniert sah er mich an.

«Hübner wird ihm diese Information nicht gegeben haben!»

«Sicher nicht.»

«Ja, wer denn dann?»

Er ließ den Motor an. «Steig auf dein eigenes Pferdchen um.»

«Wo willst du hin?»

«Ruf mich am Nachmittag im Büro an.»

11

Ruf mich am Nachmittag im Büro an... Damit verpflichtete er sich zu gar nichts. Er hatte was am Laufen, und ich sollte nichts erfahren.

Formal war er im Recht. Trotzdem, Frust nagte an meinen Magenwänden, während ich nach Gellwangen zurückfuhr.

Kriminalmeister Katz stand mit zerstreuter Miene vor Rudis Haus, Block C Nummer 5, und warf mir einen nur beiläufigen Blick zu – derselbe Kriminalmeister Katz, der zuvor mit allen andern spektakulär weggefahren war. Er lehnte an einer Litfaßsäule, die ihn abschirmte. Kräck, von oben runterschauend, hätte ihn nicht ohne weiteres bemerkt und erkannt.

Ich sagte also, als Rudi sich über die Gegensprechanlage meldete: «Nestor noch mal, ich will dir bloß sagen, daß du beschattet wirst. Schau mal aus deinem Kammerfensterlein Richtung Litfaßsäule, da steht einer in Jeans und flotter Lederjacke. Das ist der Kriminalobermeister Katz.»

Kräcks erschrecktes, asthmatisches Lufteinziehen war deutlich zu hören.

Ich grinste den Lautsprecher an: «Du, Rudi – während du den Herrn Katz betrachtest, kann ich vielleicht raufkommen, falls du mir aufmachst.»

Drei Stockwerke später betrat ich die Wohnung zum zweitenmal. Frau Kräck erwartete mich; wo er sie zuvor versteckt hatte, ahnte ich nicht, vielleicht bei einer freundlichen Nachbarin. Ich wußte von ihr nur, daß Rudi sie Trudchen nannte, sie also vermutlich Gertrud hieß, und daß ihre Eltern aus Schlesien stammten; irgendein Kaff bei Hirschberg... Sie trug ihr Haar straff zurückgekämmt. Nicht im Genick, sondern hoch oben auf dem runden Kopf, wo der Wirbel sitzt, war es zu einem überraschend kleinen, dürftigen Dutt zusammengesteckt. Stämmige Schenkel und eine ausladende Hüftpartie rollten unter einem lappigen Rock, darüber trug sie – sozusagen ausgesucht unkleidsam – einen Pullover, der eng genug war, ihren großen Busen breiig erscheinen zu lassen, weich und eindrückbar.

Ihr Gesicht erinnerte mich an schlesische Dienstboten, die ich weiß Gott wo gesehen haben mochte... Mädels aus den böhmischen Dörfern. Sie wirkte gutartig und verletzbar. Zu arglos für die Welt.

Vielleicht kam es daher, daß Schrecken in ihren Augen stand – nackte Angst! Unwillkürlich packte mich Mitleid – und auch Ärger; Rudi mutete seiner Familie viel zuviel zu.

Ich wollte mich artig vorstellen, aber sie wehrte gleich ab: Sie kenne mich doch, und sei ich nicht ein Freund vom Herrn Oberkommissar Sommerfeld? Dann könne ich bei dem doch vielleicht ein gutes Wort für ihren Mann einlegen, Rudi wolle doch bestimmt niemand erpressen!

«Sicher nicht», log ich.

Kräck kam mir aus der Küche entgegen. Sein Lächeln wirkte krank vor Anspannung und bösartig vor Entschlossenheit. Er wies mir den Weg ins Wohnzimmer und machte die Tür vor der Nase seiner Frau unmißverständlich fest zu.

«Ich hab ihn gesehen. Danke für den Tip.»

«Ich hoffe, ich krieg von dir auch einen!»

Er hob die Stimme, während wir uns in die Sessel bargen: «Zwei Bier und zwei Gläser, Trudchen!»

Wir sahen einander an, es war ein Augenduell. Frau Kräck kam mit den Getränken, sauber auf einem Tablett arrangiert, auf dem auch Salzletten und Kartoffelchips in kleinen, flachen Schalen lagen. Sie stellte alles hin wie eine Bedienung und entfernte sich eilig wieder.

«Prosit.» Kräck erhob sein Glas. «Von was für einem Tip sprichst du?»

«Sei nicht albern, sondern barmherzig. Stell dich doch

bitte mal in meine Schuhe, Rudi. Wie steh ich denn da? Als der komplette Trottel. Im Alleingang hast du den Stadtdirektor abgeschossen, und ich weiß noch nicht mal, warum und für wen und zu welchem Behufe... Wer ist dein Hintermann? Dr. Becher? Fraktionsvorsitzender der Unabhängigen isser bereits. Was will er denn noch? Selber Stadtdirektor werden? Als Anwalt? Wieso das denn? Das Protokoll, das Sommerfelds gierige Grapschhändchen dir aus der Kommode gepflückt haben, das kann eigentlich nur von ihm stammen, oder?»

Statt zu antworten, trank er noch mal. Die übergroßen Augen glotzten mich durch die dicken Linsen mit einer Intensität an, die mir Unbehagen bereitete.

«Rudi, wenn du mich allein im Wald läßt, dann bleibt mir überhaupt nichts anderes übrig, als diese vagen Spekulationen zu veröffentlichen. Ich gelte weit und breit als der ausgewiesene und bewährte Spezialist für alle lokalen Kriminalfälle, Gerichtsprozesse und Korruptionsaffären. Irgendwas muß ich den Lesern erzählen, die erwarten das von mir.»

Während ich meinen Block zückte, ließ er den Rest des Biers durch seine Kehle gluckern. Wenn er so weitersoff, mußte er demnächst blau sein. Er räusperte sich.

«Über den Becher kann ich dir nichts sagen. Nimm mir das nicht übel, Jack, aber der Mann ist Anwalt. Wenn ich mich mit dem anlege, zahle ich langfristig drauf.»

«Schön. Ich schließe daraus, daß er tatsächlich dein Hintermann ist, zitiere dich aber nicht...»

«Ich bestreite ausdrücklich, daß ich das Protokoll von ihm habe!» Er sagte es in einem Ton, der mir verriet, daß ich richtig lag.

«Alles klar. Und jetzt, abgesehen von dem, was du mir nicht sagen kannst – was kannst du rauslassen?»

«Das überleg ich ja schon die ganze Zeit.» Plötzlich entschloß er sich. «Es gibt immer noch den Kriminalfall.»

«Du sprichst von Holger Brühl und seinen drei Jahren Knast?»

«Genau. Brühl hat den Vialla nicht auf'm Gewissen.»

Ich sah auf. «Woher willst du das wissen?»

«Von Brühl selber.»

«Seine eigene Aussage hat kein Gewicht, selbstverständlich bestreitet er –»

«Das tut er doch gar nicht, Jack.»

Ich überlegte mir, was er da gesagt hatte. Es stimmte. Zur Tat hatte Brühl vor Gericht nicht ausgesagt. Weder nach der Vernehmung zur Person noch nach dem Plädoyer seines Anwalts, als ihm ein Schlußwort zugestanden hätte. Was er Sommerfeld während der Voruntersuchung berichtet hatte, konnte ich nicht wissen – ich konnte höchstens glauben, was Erich selber mir erzählte, und das war nicht viel.

«Rudi – im Moment hab ich das Gefühl, du verlangst von meinem gestressten Hirn, daß es einen Salto mortale schlägt. Also Holger hat Vialla *nicht* zusammengeschlagen und weigert sich bisher, das offen zu verlautbaren?»

«Bis jetzt hat er es nicht offiziell gemacht.»

«Bis jetzt heißt, in der Berufungsverhandlung redet er?»

«Spätestens.»

«Also vielleicht schon vorher?»

«Wie lange würdest du freiwillig in U-Haft hocken bleiben, wenn du weißt, ein anderer ist der Täter?»

«Keine Sekunde. Also er schützt den wirklichen Täter und hat *dir* das auch anvertraut... Moment mal. Er wird es Becher anvertraut haben, weil der nämlich sein neuer Anwalt ist!»

«Kein Kommentar.»

«Sein Erstanwalt Wollik ist ja selber beschuldigt, nämlich der Anstiftung zur eidlichen Falschaussage... Er wird die Verteidigung Holgers niedergelegt haben. Und Holger hat sich an Dr. Becher gewandt, den zweiten erfahrenen Strafverteidiger. Es gibt ja bloß die beiden – jedenfalls am Ort würde ich sonst keinen in Betracht ziehen.»

Er sagte nichts.

«Kruzifix noch mal, Rudi, so kannst du mich doch nicht abspeisen. In welcher Richtung soll man den Täter suchen?»

«Du mußt nach Norden schauen.»

«Was heißt das? Ist es ein Schwede, ein alter Schwede, ein Vorbestrafter?»

«In Richtung Untergrombach!» keuchte er mich an... und begann zu husten. Der Mann hatte eine Heidenangst, schon zuviel gesagt zu haben. Ich sicherte ihm Diskretion zu und empfahl mich.

12

Finster glotzte Sommerfeld mich an; nach einer Weile grinste er. Ich las widerwillige Anerkennung in diesem Grinsen und beantwortete sie angemessen: «Also, ich hab dir mal wieder was zugetragen, Erich. Was kriege ich dafür?»

«Altes Schlitzohr.»

«Ein schönes Kompliment, aber es reicht mir nicht.»

«Wir haben hier auch nicht den ganzen Tag auf der faulen Haut gelegen. Vialla hat den Schlehdorns keinen Mähdrescher verkauft.»

«Hä –?»

Er wiederholte, was er gesagt hatte.

«Ich hab dich schon beim erstenmal verstanden. Aber was zum Geier hat er dann im *Harem* zu feiern gehabt?»

«Jedenfalls ist bei der Herstellerfirma nie ein von Schlehdorn unterzeichneter und von Vialla gegengezeichneter Kaufvertrag eingegangen. Und sie haben auch nicht die übliche Provision ausgeworfen.»

«Wie bist du auf die Idee gekommen, bei der Firma nachzufragen?»

«Weil ich nicht so ein gutgläubiges Schaf bin wie du, deshalb.» Satt und zufrieden schaute er mich an. «*Jetzt* müßtest du mal in den Spiegel schauen! ... Jack, ich bitte dich. Also im Norden soll eine Trabantenstadt hochgezogen werden. Die Stadt als öffentliche Körperschaft ist gehalten, mit dem Grundeigentum ihrer Bürger, also der Bauern, keine Spekulation zu betreiben. Folglich muß Dr. Hübner als Stadtdirektor irgendwann faire Verhandlungen einleiten. Bevor es soweit kommt, schaltet er eine freie Kapitalfirma zu. Die nimmt über einen Mittelsmann Kontakt mit den Bauern auf – es sind ungefähr dreißig Familien, seit Generationen auf dieser Scholle. Landwirtschaftliche Nutzung ist vorgeschrieben, der qm also 20 Mark wert. Oder es muß forstwirtschaftlich genutzt werden, dann bringt der qm nicht mal halb soviel... Manch ein Bauer verkauft gern, wenn er in der Landwirtschaft keine Zukunft mehr sieht und überraschend ein gutes Angebot kriegt.»

«Wer ist der Mittelsmann?»

Er grinste. «Jedenfalls einer, der sich genau auskennt. Er reist von Hof zu Hof. Er weiß, wo ein Traktor schrottreif ist und nicht erneuert werden kann. Er weiß sogar, wo der Sohn studieren will und Geld braucht, und so wie Tochter zwecks Heirat ihr Erbe ausgezahlt haben möchte.»

«Vialla! Gibt er es zu, Erich?»

«Ich hab ihn noch nicht gefragt.»

Wir sahen auf. Katz brachte Frau Schlehdorn herein.

Wieder verstörte mich ihr holzaschengraues Haar, dieses memento mori, das sie mit sich herumtrug. Ich blickte in ihre kleinen, hellblauen, mißtrauischen Augen. Wachsam und kampfbereit schauten sie mich an; aber vielleicht hatte diese Frau schon zu lange im Alarmzustand gelebt – unter ihrem Blick entdeckte ich Müdigkeit und eine Bereitschaft zu Erschlaffung und Kapitulation.

Erich, mit dem feinen Gespür für die verwundbare Stelle seiner Opfer, reagierte sofort. Er stand auf und rückte ihr einen Stuhl hin und schlug einen Ton an, den er in Verhören sonst selten findet. Rücksichtsvoll sprach er sie an, fast begütigend: «Wir wissen jetzt, daß sie mit Vialla nicht über einen Mähdrescher verhandelt haben. Sie haben den Hof verscheppert, dazu hat er Sie überredet. Drum brechen Ihre Männer auch den Geräteschuppen ab. Die Ziegel sind noch gut, man kann sie sauber abklopfen und wieder verwenden. Ich nehme an, Sie denken an ein Eigenheim. Eine Art Austragshaus mit einer Wohnung für Ihren Sohn, er wird ja mal heiraten wollen.»

Sie sagte nichts. Erich hatte ihr ja auch keine Frage gestellt. Ein wichtigeres Signal als ihr Schweigen war für ihn vermutlich die Tatsache, daß sie nicht widersprach. Sie streckte ihre knorrigen Hände auf den Schenkeln aus und schaute sie an, um nicht Erichs Blick erwidern zu müssen.

Er schob einige Papiere auf seinem Schreibtisch hin und her, als habe er Unterlagen von Beweiskraft zu sichten. «Herr Nestor kann Ihnen bezeugen, drum ist er hier, daß Holger Brühl dem Vialla gar nichts getan hat. Er hat die Schuld aber auf sich genommen, weil er gemeint hat, seine

Damen entlasten ihn durch ein falsches Alibi. Das Alibi ist geplatzt, Sie werden es aus der Zeitung wissen. Und jetzt hat Brühl sich die Sache anders überlegt. Drei Jahre gesiebte Luft, die Aussicht behagt ihm nicht. Ich kann das verstehen.»

Als sie immer noch schwieg, stieß Sommerfeld einen tiefen, mitfühlenden Seufzer aus. «Frau Schlehdorn, der Rest liegt auf der Hand. Vialla kann nirgendwo anders als in der *Harem*-Bar zusammengeschlagen worden sein, sonst hätte doch Brühl nicht die Schuld auf sich genommen! Ihr Mann hat Hände, so groß wie Schaufeln. Wo er hinschlägt, da wächst kein Gras mehr. Und er hatte allen Grund, an diesem Nachmittag mit Vialla zu feiern. Er hatte einen sehr guten Verkaufspreis für euern Hof erzielt... Da konnte er es sich schon leisten, ein paar Fläschchen Sekt für die netten Badenixen springen zu lassen.»

«Achttausend Mark!» sagte sie.

«Freilich, das schockiert einen Bauern. Aber was konnte Vialla dafür?»

«Er hätt meinen Mann vorher warnen müssen, mein ich.» Sie richtete ihren Blick zuerst auf Erich, dann kurz auf mich. «Morgens um fünf steh ich auf. Die Tiere wollen versorgt sein. Nachts um zehn sitz ich noch am Nähkorb. Wir sind jetzt alt und in drei Berufen kaputt, als Landwirte, als Forstwirte und im Fremdenverkehr. Wer will denn bei uns übernachten, außer es gibt Sportveranstaltungen?»

Ich wunderte mich, daß sie auf einmal nicht mehr den breiten Dialekt sprach wie bei unserm ersten Treffen. Damals hatte sie sich hinter ihrer Urigkeit verschanzt. Jetzt wollte sie zeigen, wir sind auch nicht anders als andere.

Erich nickte düster und würdig zu ihr hin. «Ihr macht euch die Hände kaputt, und im *Harem* kassieren ein paar

Nutten die Tausender. Ja ja, so ist das heute. Das große Geld wird im Dienstleistungsgewerbe verdient... Hehe. Steht in jeder Zeitung.»

«Die Welt entwickelt sich in der falschen Richtung, sag ich.» Sie stand auf. «Sie wollen jetzt sicher meinen Mann sprechen.»

«Warum hat er sich auf Vialla gestürzt und nicht auf Brühl?»

«Mein Mann hat gesagt, mach mer wenigstens halbe-halbe. Daß jeder eine Hälfte von der Rechnung zahlt.»

«Faires Angebot, mein ich.» Auch Erich stand auf. «Dieser Vialla! Wahrscheinlich ist er knickerig von Natur.»

13

Es war nur die halbe Geschichte – was sage ich, nur ein Bruchteil, die Spitze des Eisbergs. Das warf ich Rudi vor, als ich ihn zum drittenmal besuchte.

Im Flur der Wohnung spielten seine beiden Söhne Ringtennis – Riesenkerle mußten das mal werden, genau wie er. Schon jetzt stampften sie wie junge Nilpferde, die Mieter darunter brauchten garantiert Ohrenschützer.

Er führte mich an der offenen Küchentür vorbei, wo Trudchen in ihren Kochtöpfen rührte. Auch sie ein so voluminöser Mensch! Diese Sippe von Riesen in der Sozialwohnung erinnerte mich an den Witz, der mit der Frage beginnt: Wie kriegt man fünf Elefanten in einen VW? – Die Kräcks waren allerdings nur zu viert. Noch. Die Familie konnte sich vergrößern, sie waren jung.

Kräck nötigte mich in die Polsterecke, und Trudchen erschien mit dem Tablett: zwei Flaschen, zwei Gläser, Chips und Salzletten. Sie machte die Tür fest hinter sich zu. Geschäfte waren Männersache.

Ich sagte, daß Schlehdorn überführt und Holger Brühl schon so gut wie in Freiheit sei... «Es bleibt die Tatsache, daß er die Schuld auf sich genommen hat. Für Schlehdorn kann er es nicht getan haben, er kennt den Mann ja gar nicht. Und für Vialla? Gut, ein Stammkunde – aber mein lieber Scholli, bevor ich einen Gerichtsprozeß über mich ergehen lasse und falsche Alibis bastle, laß ich lieber den allerbesten Stammkunden hochgehen... Also die Sache ist klar. Schlehdorn durfte nicht verhört werden, sonst wär die Landspekulation im Norden das Tagesthema gewesen... Spekulationen funktionieren nur, solang sie geheim bleiben. Die IMMO-INVEST hatte ein natürliches Interesse an der Geheimhaltung, und wenn Holger Brühl dieses Interesse zu seinem eigenen macht, dann heißt das –?»

Rudi trank.

Ich sagte: «Daß Brühl selber in der Firma involviert ist, genau wie Dr. Hübner. Vielleicht sind sie sogar die Organisatoren.»

«Das ist in Vaduz unmöglich zu ermitteln», antwortete er mir seriös.

«Ich weiß, daß man dort keine Akteneinsicht nehmen kann... Das sagt mir alles der gesunde Menschenverstand. Der sagt mir sogar noch mehr. Holger Brühl und Dr. Hübner haben miteinander nicht die Kohle, die aufgebracht werden muß, um Land hektarweise auf Vorrat zu kaufen... Selbst wenn sie alle beide ihr Sparbuch dazulegen und den Bausparvertrag der Tochter auch noch. Die IMMO-INVEST muß also Kapitalgeber gewonnen haben. Wie? Wen?»

«Fahr nach Vaduz, Jack. Du wirst sehen, dieser Treuhänder lacht dich bloß dumm an. Der sagt überhaupt nichts.»

«Brühl muß es wissen. Und du hast den Kontakt zu ihm. Rudi, ich mach dir jetzt ein freundschaftliches Angebot. Schmeiß alle deine Informationen mit meinen zusammen, laß uns diese Story miteinander managen – und so wahr ich hier vor dir sitze, ich verhindere, daß die Kündigung aufrechterhalten wird. Noch bin ich der Redaktionssprecher, übergehen laß ich mich nicht. Herzlieber Boss, werd ich sagen, bei allem Respekt, aber der Rudi Kräck hat da eine Story, die mußte aufgerissen werden. Ihm dafür zu kündigen, grenzt an Sauberkeitswahn. Rudi hat als Journalist gehandelt und sich die Hände nur schmutzig gemacht, weil man das in unserm Beruf eben manchmal muß.»

Er lächelte ein wenig – traurig beinah. Dann ging er zur Tür, die Gertrud so fest zugemacht hatte, und überprüfte, ob sie wirklich fest geschlossen war. Er lehnte sich dagegen und sagte in seinem fast immer zu vertraulichen, jetzt geradezu konspirativen Ton: «Jack, ich glaub, ich bin eine ganz gemeine Sau.»

Nicht zum erstenmal gelang es ihm, mich durch ein anscheinend ehrliches Geständnis in Verlegenheit zu bringen; um meine Gefühle zu verbergen, lachte ich ihn an und aus. «Wer ist das nicht, Rudi?»

Er machte eine Geste der Ungeduld – speis mich nicht mit Witzchen ab – signalisierte er zu mir herüber und legte mir seine Hand auf die Schulter. Mit festem Griff zog er mich nahe an sich heran und flüsterte in mein Ohr: «Ich glaub, wenn ich 33 so alt gewesen wär wie jetzt, ich wär ein Nazi geworden. Ein ganz begeisterter. Ich sag dir, Jack, ich hab eine Freude am Gemeinsein, das beunruhigt mich oft. Es is ein richtiger Kummer, nein, lach nicht, ich mein es ernst. Wenn so ein Marsch gespielt wird, Pauken und Trompeten, und dann die SA-Kolonne, Juda verrecke, du, da hätt ich auch den Arm hochgerissen, ich kenn mich. Ich empfinde einfach ein Glücksgefühl, wenn ich mir das vorstelle. Was meinst du, bin ich pervers?»

Ich mochte ihn gar nicht mehr ansehen. Wohl spürte ich, daß er jetzt meine Aufrichtigkeit verdiente – aber er war mir nicht sympathisch genug.

«Ich weiß», sagte er enttäuscht, «du bist anders.»

«Unsinn.»

Blitzschnell kam seine hoffnungsvolle, fast kindlich begierige Antwort: «Oder tust du bloß so und bist in Wirklichkeit genauso ein Schwein?»

Er suchte Gesinnungsgleiche, Komplicen. Das war klar. Ich zwang mich, ihn anzusehen und zu lächeln. «Jeder geht mal ins *Harem* und läßt sich von Ginger bedienen. Engel sind wir doch alle nicht.»

Er schüttelte langsam den Kopf. «Nein – das mein ich nicht. Obwohl... Ich denke schon manchmal, ich bin einfach auch sexuell frustriert. Mein Trudchen bringt doch im Bett nichts.» Seine Stimme war auf ein kaum hörbares Flüstern abgesackt.

Ich fühlte mich angewidert. Zugleich sagte ich mir, daß dieses Ekelgefühl Rudi nicht gerecht wurde. Wer offen zu mir war, hatte eine bessere Antwort verdient als Ablehnung, und wenn sie noch so instinktiv in mir hochkam.

Ich bezwang mich. «Was sind das eigentlich für Typen, die regelmäßig im *Harem* aufgetaucht sind?» Ich gab mir selbst eine Antwort: «Die Ärmsten der Armen können es nicht gewesen sein, dazu ist der Sekt zu teuer –»

«Nee, aus der hiesigen Nachbarschaft ist mir nie jemand aufgefallen.» Er lachte in seiner Art durch die Bronchien.

«Auswärtige oder Einheimische, das ist die Frage. Und falls auch etliche Einheimische dabei waren, wer von denen ist von Brühl für die IMMO-INVEST angeworben worden?»

«Das kriegst du nie aus dem raus.» Rudi trat einen Schritt von mir zurück. Als er merkte, wie sehr mich das erleichterte, machte er noch einen zweiten Schritt rückwärts und setzte sich. Er ließ von mir ab, bemühte sich nicht mehr um mich. Eigentlich war dies das Ende meiner Beziehung zu Kräck – einer Beziehung, die ich an diesem Abend hätte knüpfen können.

«In Frage kommt nur die Hautevolee von Ährenfurth und Gellwangen und aus der ganzen Region», fuhr ich fast verzweifelt fort.

Aber ich hatte ihn verloren, er widersprach nicht mal mehr.

14

DR. HÜBNER IM SANATORIUM

HOLGER BRÜHL NICHT ZU SPRECHEN

HAREM FLORIERT MIT NEUEN DAMEN

Gekrönt mit dieser dreifachen Schlagzeile erschien die dritte und letzte Nummer des *Wutz*. Launiger denn je berichtete Rudi Kräck ausführlich über die neuen Animierdamen, die jetzt in der *Harem*-Bar aufwarteten und jedem Kunden das wohlige Gefühl vermittelten, ein Pascha zu sein – er mußte nur entsprechend löhnen.

An frühere Stammgäste aus heimischen Gefilden erinnerten *diese* Damen sich naturgemäß nicht. Und wo Lady,

Ginger, Kim abgeblieben waren – wer wollte das wissen, wer Nachforschungen anstellen? Eine so umsichtige Person wie Lady hatte sich gewiß manche Autonummer gemerkt. Ein so quirliges Wesen wie Ginger erinnerte sich mancher Abenteuer, die sich im *Wutz* gut machen würden. Und Kim, die sanfte Kim, hatte mehr als ein Lebemannsherz verjüngt.

Aber sollte man nachforschen? Lohnte die Mühe? Kamen die Kosten wieder herein? Rudi Kräck bat seine Leser, ihm ihre Meinung darüber mitzuteilen.

Zwei Tage später entnahm ich einer Meldung der dpa, daß der Konzern, dem auch unser Druckhaus angehörte, das Unternehmen WUTZ GmbH & Co. KG in Gellwangen aufgekauft habe mit der erklärten Absicht, das erfolgreiche Blatt als Anzeigenspiegel auf regionaler Basis neu herauszubringen. Der bisherige Chefredakteur Rudi Kräck gebe sein Amt ab, er wende sich neuen Aufgaben im Hause zu.

Förmlich gurgelnd vor Wut paßte mich an diesem Abend Erich Sommerfeld auf dem Heimweg ab; ich sah, als ich die Redaktion verließ, seinen Dienstmercedes und parkte hinter ihm. Er ließ mich einsteigen.

«Was hast du?» fragte ich sofort und dachte an ein Unglück.

«Jack – dieser Lump bekommt 25 Prozent vom Verkaufspreis. Stell dir das vor, er ist zu 25 Prozent an der WUTZ GmbH beteiligt gewesen!»

«Da kommt er sogar noch schlecht weg, ohne ihn hätt es die Affäre WUTZ ja überhaupt nicht gegeben.»

«Schlecht? Der kann sich jetzt ein Haus bauen. In meinem Distrikt wird der Lump durch Erpressung reich, und ich kann nichts machen!»

Ich wunderte mich. «Reich? Wie hoch ist denn der Verkaufspreis?»

«Eine Million!» schrie er mir ins Gesicht.

«Eine Viertelmillion für Rudi...» Ich sagte es mechanisch, meine Magendrüsen gaben mir Saures. «Weißt du auch, was das heißt, Erich? Es müssen so prominente Namen in der IMMO-INVEST vertreten sein, daß sie die Macht hatten, unsern Konzern zum Ankauf des WUTZ zu – überreden, sagen wir mal. Anzeigenkunden größten Formats!»

«Erpressung, selbstverständlich! Jack, ich bin hier, weil ich alles über diesen Kräck wissen will – alles, verstehst du mich? Ich will ihn packen, Jack. Damit darf er nicht durchkommen!»

Wir haben an diesem Abend lang miteinander gebechert, mit Namen und Adressen jongliert, Möglichkeiten erwogen. Gebracht hat es nichts. Kräck ist von der Justiz nie gekrallt worden. Er übernahm einen Posten als Redakteur für besondere Themen in der Ulmer Konzernzentrale. Der *Wutz* floriert, er sieht nicht anders aus als andere Anzeigenblätter. Das war der Preis, den Rudi akzeptierte – zu seinem Kummer.

Irene Rodrian

STIMMEN UNTER DEM DACH

Das Haus lag weit außerhalb des Dorfes auf einer kleinen Anhöhe. Direkt dahinter ragte der Wald auf, düster und vielleicht noch unberührt. Davor senkten sich hügelige Wiesen bis zur Straße hinunter, man konnte über die Felder bis aufs Moor hinübersehen. Im Frühling und Sommer war es schön, dann blühte alles und strotzte vor Leben und Farben. Es glich einem Wunder, daß es so nah bei dem Dorf mit seinen Hotels und der Straße mit den Kolonnen der Touristenautos noch so ein kleines Naturparadies gab.

Jetzt aber, im Oktober, waren die Äcker kahl und die Wanderwege verwaist. Über dem Moor stieg Nebel auf, und ungehindert heulte der Nordwind über die nackte Erde und die kurzgeschorenen Wiesen. Im Vorgarten faulte das Laub, und die Tannen bogen sich ächzend, als wären sie das alles schon lange leid. Es wurde früh dunkel.

Sie fröstelte.

Es war nicht kalt, nur unfreundlich. Feucht und kühl. Das richtige Wetter für ein flackerndes Kaminfeuer. Aber das Feuer anzuzünden, so als würde es ihre Einsamkeit nur noch betonen. Sie schenkte sich den Champagnerrest ins Glas und öffnete eine neue Flasche. Sie verabscheute das Gefummel mit dem Drahtzeug, aber sie trank selten etwas anderes.

Hinter dem Haus heulte das Motorrad auf. Dieser Schwachkopf machte das extra, da war sie ganz sicher. Immerhin hatte Rosl gefragt, ob sie ihr noch eine Flasche aufmachen oder ob sie ein Feuer anmachen sollte. Rosl war dumm, aber freundlich, und schließlich brauchte die ihren freien Tag, sonst ging sie auch weg, wie die anderen. Sie sah grotesk aus, den fetten Arsch in diese schwarze Lederkluft gezwängt, einen roten Sturzhelm unter dem Arm. Und natürlich würde sie erst morgen wiederkommen, dieser Schwachkopf mit seiner Honda würde sich kaum mit Kino und Händchenhalten begnügen.

Das schwere Motorrad kam auf dem Seitenweg hervorgeschossen, die beiden jungen Leute darauf hockten so dicht beieinander, daß sie wie ein einziger Körper wirkten. Der Himmel war grau, nur eine Schattierung dunkler als die Nebel, die jetzt immer näher herkrochen und die Straße schon fast erreicht hatten. Das Motorrad bremste kurz, bog ab und raste davon.

Es begann zu regnen. Leicht zuerst, dann heftiger. Der Wind nahm zu und peitschte erste dicke Tropfen gegen die Scheiben. Sie empfand so etwas wie Schadenfreude und wandte sich vom Fenster ab.

Es war dunkel im Haus. Sie ging fast hastig von einer Lampe zur anderen und schaltete sie ein, aber es schien, als bliebe noch ein Rest Dunkelheit oben unter den Dachbalken hängen.

Das Haus stammte aus dem achtzehnten Jahrhundert und war wohl einmal von einem reichen Bauern gebaut worden. Ihm hatten die umliegenden Felder und Wälder, die sich bis zum Dorf erstreckten, gehört, und er hatte diese Räume groß und hoch angelegt. Sie hatte viel verändert, Wände einreißen und neue ziehen lassen, aber sie hatte versucht, etwas von dem Charme des alten Hauses zu erhalten. Die alten Türen und Treppen zum Beispiel und das Gebälk. Manchmal flüsterte es dort oben, als würden sich die Geister der früheren Bewohner über sie und ihre seltsame Art zu leben unterhalten. Mit Erwin hatten sie darüber immer gelacht und ganze Dialoge in altertümlichem Deutsch erfunden.

«Seht nur, wie mager die Dirne ist!»

«Krank sieht sie aus, verhungert. Und der Knecht kann auch nie und nimmer ein Fuder Heu stemmen.»

«Und wie verschwenderisch sie einheizen, sie werden uns noch das Dach über dem Kopf anstecken!»

«Papperlapapp, meinem Rheuma und dem Podagra tut's gut, auch heute noch...» und dann ächzten die alten Balken, und Erwin schenkte Champagner nach.

Das Zeug war viel zu kalt, und das Knarzen der Dachsparren unheimlich. Der Wind hatte zugenommen. Irgendwo klapperte ein loser Fensterladen, aber sie hatte keine Lust, jetzt hinauszugehen in die Dunkelheit. Sie setzte sich neben das Telefon und blätterte etwas ziellos in ihrem Adressbuch. Die Nummer von Erwin kannte sie auswendig, obwohl sie ihn so gut wie nie anrief. Wozu auch, nur um sich anzuhören, wie süß der Kleine war, oder daß er schon Papa sagen konnte?! Wie unendlich lächerlich, mit fast sechzig noch ein Kind zu machen. So abgeschmackt.

Sie hatten sich damals gegen Kinder entschieden. Dieses Elend bei den Kollegen. Diese armen Würmchen. Schauspieler sind nun mal keine guten Eltern. Sie leben für die Bühne, sie müssen frei sein. Aber diese – Gabi hieß sie – diese neue, die studierte noch. Was auch immer. Fast dreißig Jahre jünger als er, da mußte sie ja einen klinikreifen Vaterkomplex haben. Mein Gott, wie mußte er sich langweilen mit diesem Hühnchen. Sie hatte die Nummer gewählt, ohne es zu merken. «Ja, hier bei Roth.» Die Schwiegermutter!

Barbara Roth, könnte sie sagen, die eigentliche Frau Roth. Sie legte auf. Allein schon die Vorstellung, daß da eine Bruthenne mit ihrem Namen rumlief. Gabi Roth, du meine Güte! Und die Mutter hütete das Kind und war gerade eben mal zwei Jahre jünger als Erwin. Es war zum Kotzen. Barbara stellte ihr Glas ab und ging nervös auf und ab. Sie konnte auch die Elektroheizung anstellen, aber das dauerte ewig und kostete ein Vermögen. Sie zögerte, als sie an dem venezianischen Spiegel vorbeikam. Er verzerrte etwas, sie hatte ihn damals hauptsächlich wegen dem wunderschönen Rahmen gekauft. Sie war schlank und schön, daran gab es keinen Zweifel. Überhaupt war es die Zeit der reifen Frauen. Fünfzig, das war heute so wie früher einmal dreißig. Der Höhepunkt. Sie fühlte sich schon sehr viel besser. Holte ihr Glas und lief fast beschwingt zu dem kleinen Alkoven hinüber, in dem das Tischchen mit der Schreibmaschine stand.

Das war der absolute Wahnsinn! Wie die sich da im Uhrwerk festklammerten und fast zerquetscht wurden. Diese gigantischen grauen Zähne und der winzigkleine Basil. Endlich hatte die Spannung auch Evi erfaßt, und sie klammerte sich an ihn. Natürlich weil sie Angst hatte. Er hatte selber feuchte Finger. Irre, jetzt stürzte Basil ab. Tiefer und immer tiefer. Und dann kommen die anderen angeflogen. Der große Mäusedetektiv ist gerettet. Bernd liebte Zeichentrickfilme, und Walt Disney war für ihn der Größte und ein Genie. Oder eben echte Action. Er küßte Evi und zog sie mit aus dem Kino.

Mit Evi war er jetzt seit über einem Jahr zusammen, so gut wie verheiratet. Manchmal führte sie sich auch so auf. Wie eine Gattin, die das Sagen hat. Aber bitte nicht mit ihm. Zeichentrick fand sie blöd, ausgerechnet sie mit ihrem IQ von dreizehn Komma sieben. Kindisch nannte sie das. Es war schon schlimm. Vor allem, weil er mit dem geklauten Porsche ein paar Stunden untertauchen mußte; jedenfalls, bis es dunkel wurde.

Er spielte Evi die romantische Nummer vor, das zog immer. *Just Cola, Popcorn and you.* Er mußte sie richtig reinknutschen in die Nachmittagsvorstellung. Und dann wollte sie natürlich weitermachen, ausgerechnet, während da oben auf der Leinwand der geilste Film seit ‹Hamish, der Sklavenhändler› losging. Allein schon der Anfang, mit dem Rattern der Kutsche über regennasses Kopfsteinpflaster und Dr. Wasdenn mit der *Times* auf dem Trittbrett. Evi quatschte dauernd dazwischen, faßte ihm in die Hose und war voll infantil. Begriff null. Dann war sie sauer, und er schaute gar nicht mehr zu ihr rüber, bis er dann merkte, daß es sie auch gepackt hatte. Wie der große Rattenzahn kam, und wie der kleine Champagnerschlucker von der fetten rosa Katze gefressen wurde. Echt. Das kam gut.

Der Porsche sprang sofort an, und wieder kapierte Evi nichts. Er konnte hier nicht mit ihr rummachen, direkt unter der Straßenlaterne, er mußte raus aus der Stadt. Der Motor röhrte auf. Er ließ die Kupplung zu schnell los, die Karre sprang fast aus dem Stand auf hundert. Evi wurde in ihren Sitz zurückgedrückt wie ein Falter an die Windschutzscheibe und hielt erst mal die Luft an. Bernd konzentrierte sich darauf, diesen mitternachtsblauen Kindertraum so unauffällig wie nur möglich auf die Landstraßen rauszubekommen. Bremsen bei Gelb, anhalten bei Rot und keine alten Mütterchen umfahren, bloß weil sie aussahen wie zu groß geratene Pinguine.

Das Jaulen der Polizeisirene drang wie ein körperlicher Schmerz direkt durch den Magen. Er zuckte zusammen und drückte automatisch das Gaspedal durch. Fing sich sofort wieder und fuhr gemäßigt rechts ran. Zwei Streifenwagen rasten an ihm vorbei, dicht gefolgt von einem Krankenwagen. Bernd atmete tief durch. Evi sah ihn an, sie schien etwas gemerkt zu haben, er wandte sich ihr zu. «Ich mag dich», flüsterte sie und schmiegte sich an ihn. Er umarmte sie und hielt sie fest an sich gedrückt. «Ich dich auch», sagte er leise und meinte es auch so. Evi war schon verdammt süß.

‹Ein steiler Zahn›, das war doch ein witziger Titel. Gerade jetzt, wo die fünfziger Jahre plötzlich in allen Bereichen so stilbildend waren. Die kurze Zeit bei Gründgens in Düsseldorf und das aufregende Jahr bei Barlog in Berlin hatte sie abgeschlossen. Sie hatte damals keine großen Rollen gespielt, meine Güte, sie war ja auch so jung gewesen. Barbara nahm einen tiefen Schluck und tippte weiter. Die Szene, in der sie sich bei dem Filmproduzenten vorstellte, der gar keiner war. Sie hatte einen rosa Angorapulli mit Nickitüchlein an und einen weiten Glockenrock. Zuerst nannte er sie einen steilen Zahn, dann, als sie sich nicht ausziehen wollte, eine verklemmte Pute. Er war ein Betrüger, der durch Zeitungsannoncen junge Mädchen in sein sogenanntes Studio lockte.

Barbara lehnte sich zurück. Der Champagner war schal. Draußen jaulte der Wind über die Dachziegel und rauschte in den Wald hinter dem Haus. Es klang wie Flüstern und Wimmern, wie schleichende Schritte und lauernder Atem.

Sie holte sich das Telefon an den Tisch und wählte Tommys Nummer. Auch die kannte sie auswendig, sie konnte ihn immer anrufen, wenn sie nicht weiterwußte. Er war freiberuflicher Journalist und ihr Ghostwriter.

«Ja?», seine Stimme klang mißtrauisch und kurz angebunden. Sie hörte Stimmen im Hintergrund, Musik, Lachen. Sie erzählte ihm von der lustigen Episode, an die sie sich eben erinnert hatte, ihre Idee für einen Titel. Er fand das alles blöd. Er sagte es nicht so direkt, versuchte höflich zu bleiben, sprach mit jemand im Hintergrund. «Ja, ich komme schon.» Sie knallte den Hörer auf die Gabel. Widerlicher Abkocher! Zu Anfang, als er dauernd um sie herumgedienert war, nur um an den Auftrag für ihre Memoiren ranzukommen, da hätte er nie im Leben eine Party gegeben, ohne sie einzuladen. Stolz rumgezeigt hatte er sie überall. Sie schenkte sich nach und trank. Verträge kann man schließlich kündigen. Sie überlegte kurz, ob sie Gellert anrufen sollte. Gellert war sicher zu Hause und gab auch ganz bestimmt keine Party für junge Leute, zu denen sie nicht paßte. Ganz im Gegenteil, Gellert wurde langsam selber alt. Mein Gott, war sie damals glücklich gewesen, der große Gellert war ihr Agent, und sie war ihm immer, all die Jahre hindurch treu geblieben. Aber, das war ja wohl noch lange kein Grund für ihn, sich jetzt als ihr Papa und Erzieher aufzuspielen. Trink nicht so viel, denk an Deine Gesundheit, geh lieber mal früher ins Bett. Blödmann! Und, wenn er gnädig war, dann würde er wieder mit so einer mittelmäßigen Fernsehserie fürs Vorabendprogramm ankommen.

Nein. Dafür war sie sich wirklich zu schade. Man nutzte sich zu schnell ab, und, wenn dann einmal eine große Rolle zu vergeben war, dann galt sie als verbraucht. Sie kannte die unmenschliche Art, in der sich Redakteure und Regisseure über einen unterhielten, wenn man nicht dabei war. Das war früher auch anders gewesen. In den fünfziger Jahren, als sie der große Filmstar war, da wurden Schauspieler noch hofiert, Stars noch geachtet. Eben wie in Hollywood.

Die Flasche war fast leer. Sie mußte beim Einschenken etwas verschüttet haben. Egal, sie stand auf.

Das Haus schien zu atmen. Die Wände bewegten sich im sanften Rhythmus ihres eigenen Pulsschlages. Sie könnte das Haus auch verkaufen und wieder in die Stadt ziehen. Aber das wäre so etwas wie eine Kapitulation. Barbara Roth gab nicht auf. Sie hatte noch nie aufgegeben. Sie holte aus, um die leere Flasche gegen die Wand zu schleudern, als sie das Geräusch hörte.

Es war nicht im Haus, sondern draußen. Und es war nicht der Wind. Wie ein Rufen. Meine Güte, jetzt hörte sie schon Stimmen. Sie stellte die Flasche vorsichtig auf den Tisch. Da, wieder. Sie wich langsam an die Wand zurück, weg von den Fenstern, gegen die der Sturm den Regen und die Zweige der Spalierbirne peitschte.

Das Klopfen wiederholte sich, und auch die Stimmen. Es dauerte einige Minuten, so schien es ihr, bis ihr klar war, daß jemand vor der Tür stand. Jemand, der in der Dunkelheit den Klingelknopf nicht fand. Jemand, der nicht wußte, daß es gar kein Knopf war, sondern eine altmodische Kette links neben der Tür. Jemand, der das Haus nicht kannte. Ein Fremder.

Sie bewegte sich noch immer nicht. Das Klopfen wurde stärker, wieder Rufe. «Hallo! Ist jemand da?» Dann Schritte im Kies, jemand versuchte, um das Haus herumzugehen. Die Fenster waren nicht gesichert. Bei uns passiert nichts, hatten die Leute im Dorf gesagt, als sie Gitter bestellen wollte. Und die Alarmanlage stellte sie nie an.

Entschlossen ging sie zur Tür und schaltete die Außenbeleuchtung an, bevor sie öffnete.

Ein junges Mädchen. Sie war hübsch, fast schön. Schmal und zierlich, blond mit einem lieben Kinderlächeln. Aber die Stimme hatte zu einem Mann gehört. Wieder Schritte auf dem Kies. Barbara wollte die Tür wieder zudrücken. «Bitte», sagte das Mädchen, «bitte!» Es klang lieb, unschuldig und ängstlich. Barbara zögerte. «Wir hatten einen Unfall», fuhr das Mädchen leise fort, «eine Panne. Mein Freund und ich.» Sie drehte sich halb um. «Bernd!» Sie lächelte wieder. «Ich weiß, es ist schon spät, aber, wir...» Sie brach ab, unter den Büschen neben dem Haus tauchte ein junger Mann auf. Er sah gut aus, groß, mit einem schlanken athletischen Körper. Dunkle Haare, intensive Augen und ein breiter Mund. Barbare öffnete unwillkürlich die Tür etwas weiter. Der junge Mann blieb stehen. Er war doch schon etwas älter, Mitte dreißig vielleicht. «Es tut mir so leid, daß wir Sie stören, aber wir hatten ein... entschuldigen Sie die aufdringliche Frage, aber sind Sie nicht Barbara Roth?»

Sein Gesicht strahlte vor Freude, vor Bewunderung, er wandte sich dem jungen Mädchen zu. «Stell dir vor, Barbara Roth!» Das Mädchen reagierte nicht, hatte anscheinend den Namen noch nie gehört. Barbara lächelte den jungen Mann an.

«Kommen Sie rein. Sie wollen sicher telefonieren.» Erst jetzt merkte sie, daß die beiden tropfnaß waren. «Sie müssen ja ganz durchgefroren sein, es ist eine scheußliche Nacht!» Der junge Mann ließ zwar das Mädchen zuerst eintreten, schob sich dann aber sofort nach vorn neben Barbara. «Ehrlich, ich kann's gar nicht fassen! So ein absoluter Wahnsinn! Barbara Roth! Ich hab alle Ihre Filme gesehen.

Ich bin ein echter Fan.» Sie erwartete, daß er jetzt bemerken würde, daß er den ersten ihrer Filme mit drei Jahren oder so gesehen haben mußte, und daß sie sich gar nicht verändert hätte. Nichts davon. Nur sein strahlendes Lächeln unter regennassen Locken. «Ach du Scheiße!» Er blieb stehen und schaute auf den Boden, auf dem sich eine erdige Pfütze auszubreiten begann. «Jetzt versauen wir Ihnen auch noch das ganze Haus!»

«So ein Blödsinn», sagte Barbara. Sie fühlte sich plötzlich gut, heiter und energisch. «Das kann man wegputzen, ist doch nur Wasser. Wenn ihr es nicht so eilig habt, dann zieht eure Schuhe aus und geht ins Wohnzimmer rüber. Wir machen Feuer im Kamin, und ihr könnt euch ein bißchen aufwärmen, bis ein Mechaniker kommt. Am besten ruft ihr den ADAC an, unsere Werkstatt hier im Dorf hat längst geschlossen.» Sie ging voraus und machte eine einladende Handbewegung. Der junge Mann streifte seine Schuhe ab und forderte das Mädchen mit einer Geste auf, ihre Schuhe auch auszuziehen. «Ich bin schrecklich unhöflich, wir haben uns noch nicht einmal vorgestellt. Mein Name ist Bernd Massmann und das hier ist Evi Forster. Mein Wagen steht ziemlich weit unten an der Straße. Wir waren so froh, als wir noch Licht bei Ihnen hier oben gesehen haben. Tausend Dank!» Er war mit drei Schritten neben ihr und nahm ihr die Streichhölzer aus der Hand, mit denen sie das von Rosl vorbereitete Zeitungspapier unter dem Kaminholz anstecken wollte. «Darf ich das machen? Ihre Hände berührten sich einen Sekundenbruchteil. Barbara richtete sich auf.

«Setzt euch doch. Da drüben ist das Telefon. Und wie wär's mit einem Gläschen Champagner oder Wein, oder lieber Bier?» Sie zögerten, machten die üblichen Höflichkeitsbemerkungen, aber Barbara ließ sich davon nicht irritieren. Sie sang leise vor sich hin, als sie in die Küche ging, um eine neue Flasche und Gläser zu holen. Sie stellte noch ein Schälchen mit Kräckern und Käsegebäck dazu. Sie hörte das Klicken nicht, mit dem der Telefonhörer abgenommen wurde, aber vermutlich suchten die beiden noch nach der richtigen Nummer. «Kann ich Ihnen helfen?», das junge Mädchen stand plötzlich hinter ihr in der Küche. Evi. Sie reichte ihr das Tablett.

«Meinst du, das genügt? Ich könnte auch schnell ein paar Brote machen, wenn ihr Hunger habt, ihr zwei. Ich darf doch du sagen oder? Du bist so jung, du könntest meine Tochter sein.» Evi schwieg, sie widersprach nicht einmal pro forma, sie lächelte nur.

«Sie haben ein tolles Haus, ehrlich. Irre!»

Das Feuer brannte und begann zu wärmen. Kleine und größere Holzscheite lagen in einem Korb daneben. Bernd baute einen kleinen Scheiterhaufen, der sicherlich für eine Stunde reichte, und sah sich dann in dem Raum um. Geld. Alles hier roch nach Geld. Allein der Umbau mußte ein Vermögen gekostet haben, überall nur das Feinste vom Feinsten. Die Teppiche lagen fast schon übereinander, die Möbel waren zum Teil Handwerksarbeit und zum Teil Antiquitäten. Bernd kannte sich aus, er hatte einen Freund, der das Zeug massenweise aus England herholte, allerdings Fälschungen, sehr gute Fälschungen. Kunstwerke, wenn man's genau nahm. Aber der Kram hier war echt alt. Die Bilder konnte Bernd nicht so gut beurteilen, eins sah aus wie ein Picasso, ein anderes war ganz wild, sicher auch echt und teuer. Und dann das Silber. In einem Eckschrank standen hinter Glas gut drei Porsches, umgerechnet und locker geschätzt.

Bernd hörte Evi mit der Frau in der Küche reden und mit

Geschirr klappern. Wohlige Wärme stieg hinter seinem Rücken auf und trocknete sein Hemd. Er schlenderte langsam durch das Zimmer und schaute sich ein bißchen genauer um. ADAC, das war ja wohl der Witz des Tages. Hey, können Sie mal herkommen, ich hab einen Porsche geklaut und nicht gemerkt, daß der Tank beinahe leer war. Ja, sicher, bringen Sie die Polizei gleich mit, das spart uns die Münzen fürs Telefon.

Er hätte höchstens versuchen können, bei Max anzurufen, aber ob der um die Zeit noch hierher in die Wüste gekommen wäre, um ihn abzuholen, war sehr fraglich. Stand sicher schon schwer unter Strom um die Zeit. Und das ganze Theater nur wegen Evi. Er würde den Porsche da unten am Moor im Gebüsch stehen lassen. Wenn das in der Branche rum war, daß er sich einen leeren Eimer gekrallt hatte, dann kaufte ihm hier und im Umkreis von sieben Meilen keiner mehr auch nur einen rostigen Dosenöffner ab. Max hatte recht, man durfte sich nie mit Weibern einlassen, die nicht irgendwie selber zum Geschäft gehörten. Oder erst später, wenn man es geschafft hatte und auch in so einem Haus wie diesem hier wohnte. Wenn die Kohle schon wieder clean war. Und natürlich hätte er sie nie im Leben mit der kochendheißen Karre mitnehmen dürfen. Und dann noch nachts so weit außerhalb. Die hatte ja da unten einen Aufstand gemacht, wie er im Buche stand. Wollte nicht ums Verrecken raus aus dem Auto in den Regen.

Jetzt hörte er sie sogar in der Küche drüben mit der alten Schachtel lachen. Das war wieder mal astrein gewesen, daß er sie vorhin gleich erkannt hatte. Nur, weil letzte Woche so ein alter Streifen aus den fünfziger Jahren im Fernsehen gelaufen war. Sie hatte so eine kesse Krankenschwester gespielt, die unheimlich in den Chefarzt verknallt ist, der hat aber überall Bräute und will auch mit ihr, aber sie ist cool und läßt ihn nicht ran. Bis er sie heiraten will. Damals sah sie immerhin ganz niedlich aus. Was die damals eben sexy nannten, tralala. Er hätte sie nie auf der Straße wiedererkannt. Aber, als er da vorhin ums Haus geschlichen war und in die Fenster geschaut hatte, da hatte er in einem Zimmer das alte Filmposter gesehen.

Bernd setzte sich in den großen Ohrensessel, lehnte sich zurück und wartete. Der Tag war noch lange nicht zu Ende.

«Das ist wirklich stark! Bernd, schau bloß mal!»

Barbara ließ Evi vorausgehen. Sie fand ihre Begeisterung so rührend, daß sie sogar über dieses dauernde echt und scharf und toll und irre hinweghören konnte. Evi trug das inzwischen vollbeladene Tablett vorsichtig zu dem Tisch, an dem Bernd schon saß und setzte es ab. Sie hatte ihr geholfen, die Brötchen und kleinen Happen vorzubereiten. Das Feuer im Kamin brannte jetzt hell, und die lodernden Flammen erfüllten den Raum mit weichem Licht. Die Schatten unter dem Dach waren verdrängt, die wispernden Stimmen verstummt. Barbara deckte den Tisch, stellte die Gläser und Teller hin und gab Bernd die Flasche zum Öffnen. Er machte das sehr geschickt, es war ganz offensichtlich nicht seine erste Champagnerflasche. Sie hielten die Gläser darunter, tranken.

«Auf unsere Bekanntschaft», sagte sie und ging zum Plattenspieler. Miles Davis, Coltrane, es war die richtige Stimmung für schönen alten Jazz.

«Wunderbar», sagte er leise. «Das Haus, die Musik, der Champagner, alles, aber vor allem Sie.» Sie lachte und hob ihr Glas leicht an.

«Ich habe gerne Gäste. Und jetzt greift zu!»

Sie aßen und tranken, als hätten sie an diesem Tag noch

nichts zwischen die Zähne bekommen. Barbara hätte gern genauer gewußt, ob die beiden ein Verhältnis miteinander hatten. Evi hatte sich auf das Sofa gesetzt, in die Ecke, die seinem Sessel am nächsten war. So war ihr nur der Sessel gegenüber geblieben. Das hatte den Vorteil, daß sie nicht so direkt unter der Lampe saß. So saßen die beiden vor ihr nah, aber doch mit einer gewissen Distanz, wie Publikum in einem kleinen Zimmertheater.

Sie waren ein gutes Publikum, sie wollten immer neue Geschichten von früher hören, und sie bemühte sich, nicht allzuweit in die Vergangenheit abzuschweifen. Jetzt erschien der Mann ihr noch älter, vielleicht schon Ende dreißig, vierzig. Sein Gesicht war nicht ohne Falten, er hatte kein leichtes Leben hinter sich. Er war freundlich und auf eine spöttische Art nett zu Evi, aber verliebt war er sicher nicht. Es schien, als hätte er nur Augen für Barbara.

Bernd stand auf und ging zu dem Plattenspieler hinüber und besah sich die LPs. Es mußten hunderte sein, daneben eine CD-Anlage mit fast ebensovielen. Aber die Frau hatte recht, es war eher eine Stimmung für alte LPs, er fand eine Billy Hollyday-LP und legte sie auf. Er wandte sich um und begegnete ihrem Blick.

Er hatte vorhin ausgerechnet, daß sie schon satt über fünfzig sein mußte. Irgend etwas mußte in der Zwischenzeit passiert sein. Entweder hatte sie ein raffiniertes Makeup aufgelegt, oder es war das Licht. Sie sah gut aus, schön, reif und erotisch. Sie war nicht das dumme kleine Häschen aus einem drittklassigen Film. Er streckte ihr eine Hand entgegen, und sie stand auf und tanzte mit ihm. Boing, das war ein Gefühl. Er drückte sie unmerklich näher an sich und spürte ihren Körper. Kein BH, kein Mieder, alles Natur. Sie wich ihm nicht aus, aber sie kam ihm auch nicht entgegen.

Er spürte Lachreiz in sich aufsteigen, fühlte sich als der scharfe Chefarzt in dem ältlichen Film und gleichzeitig als Zuschauer. Er war richtig gespannt, wie es weiterging. Er bemerkte das Gesicht von Evi. Mist, die hatte er beinahe vergessen. Er mußte sich um sie kümmern, sonst drehte die wieder durch. Telefonierte womöglich durch die Gegend. Mit dem ADAC zum Beispiel. Es war, als hätte Barbara denselben Gedanken. Sie löste sich von ihm, spielte die Atemlose und ließ sich auf das Sofa neben Evi fallen. «Los, tanz du jetzt!»

«Liegt mir nicht, diese Schiebermusik», maulte sie.

«Ich hab alles da, auch Pop oder Reggae. Such dir was raus.»

«Keine Lust, danke.» Das klang schon etwas freundlicher. Evi konnte nie lange sauer sein, das war einer ihrer Vorteile. Keine Frage. Barbara berührte mit einer kleinen Geste ihre Schulter.

«Das ist eine besonders hübsche Bluse. Wo ist die her?» Evi blühte sichtlich auf und begann zu erzählen. Sie hatte mit einer Freundin zusammen eine Boutique, klein, aber mein, haha. Sie entwarfen ihre Sachen zum Teil selber, diese Bluse zum Beispiel hatte sie selber gezeichnet und den Stoff dazu ausgesucht. Deshalb entstand nie ein und dieselbe Bluse. Jede hatte eine andere Farbe oder ein anderes Material. Jetzt bewunderte Barbara auch ihren Rock. «An dir ist ja eine richtige Designerin verlorengegangen.»

«Hoffentlich nicht», Bernd lachte, «sie hat die Modeschule besucht.»

«Aber danach hab ich nie einen Job bekommen...» Sie erzählte, was sie alles seitdem gemacht hatte. Barbara war sich ziemlich sicher, daß Evi lieber gleich telefoniert hätte, sie wollte nicht hierbleiben, aber sie war es wohl gewohnt, zu tun, was Bernd sagte. Oder vielleicht war sie auch einfach nur träge. Sie blieb, wenn man sie setzte, es mußte nur ausreichend weich und bequem sein. Jetzt genoß sie es, von sich und ihren Plänen zu erzählen, und Barbara ließ sie, ermunterte sie von Zeit zu Zeit, bezog auch Bernd in das Gespräch mit ein, ohne auch nur mit dem Hauch einer Andeutung auf die Beziehung zwischen den beiden anzuspielen.

Dieser Mann interessierte sie. Die Nacht war noch lang, und sie fühlte sich so gut wie schon lange nicht mehr. Bernd Massmann. Er war nicht sehr gebildet, aber gewandt. Dieses Haus war nicht das erste Haus reicher Leute, das er betrat. Er war nicht beeindruckt, hatte nur einmal eine lobende Bemerkung über die wirklich sehr schön erhaltenen und renovierten Dachbalken gemacht. Er bewegte sich, als wäre er schon oft hier gewesen. Um's genau zu sagen, er lief hier herum, als gehöre ihm alles.

Barbara wandte sich wieder Evi zu. Im Moment war sie gerade dabei, zu berichten, wie sie sich als Model Geld dazuverdient hatte. Das klang durchaus glaubhaft. Evi war schön. Sie hatte ein fast vollkommenes Gesicht mit großen dunkelblauen Augen und einem vollen Mund. Barbara hatte auch früher einen volleren Mund gehabt, sie mußte heute darauf achten, daß sie die Lippen nicht zu sehr einzog, das machte sonst alt und streng. Auch Evis Körper war schön auf eine klassische Weise. Schlank in der Taille, aber sonst weich und rund, nicht so knabenhaft knochig, wie es heute offenbar modern war. Evi erinnerte Barbara ein wenig an das junge Mädchen, das sie selbst einmal gewesen war.

«Du wirst es schaffen», sagte sie, «glaub mir nur, ich hab einen Riecher für Gewinner. Eines Tages wirst du deine eigene Kollektion vorstellen.»

«Ehrlich? Glauben Sie das echt, oder sagen Sie das bloß so?»

«Ganz echt und ehrlich!» Barbara lachte und umarmte Evi. Evi schmiegte sich für einen Moment dicht an ihre Schulter, ihre Haut war zart und warm wie die eines Kindes.

Barbara sprang auf und ging zur Tür. «Bin gleich wieder da!» Sie lief hinaus und die schmale Bauerntreppe hinauf. Im Schlafzimmer stellte sie sich einen Moment vor die breite Spiegelwand. Das Licht hier war gemein. Es machte sie alt. Sie schaltete das Deckenlicht aus und öffnete den Schrank. Das rote Seidenkleid. Das war heute eine Nacht für das rote Kleid. Es zeigte sehr deutlich, daß ihre Figur noch immer die einer Zwanzigjährigen war.

Evi lag zurückgelehnt auf dem Sofa und wartete darauf, daß Bernd etwas sagte, daß er den Moment ohne die Alte irgendwie ausnutzen würde. Sie kapierte überhaupt nicht, wieso er sich dauernd so um sie bemühte. Er hatte sie noch nicht ein einziges Mal geküßt, seit sie hier in dem Haus waren. Andererseits war es schön. Evi liebte Luxus, und dann noch bei einem echten Filmstar, das war geil irgendwie, sie drehte sich träge nach Bernd um. Er stand bei einem alten Schrank, hinter dessen Glastüren silberfunkelnde Pokale, Schalen, Leuchter und Becher standen. «Hey, komm doch mal her», forderte sie ihn auf, aber er reagierte nicht. Er hatte die Glastür leise geöffnet und holte einen flachen Holzkasten heraus. «Bernd!»

«O Mann!» Er hatte den Deckel des Kastens hochgeklappt und hielt eine Münze in der Hand. Sie war nicht sehr groß und sie funkelte auch nicht besonders. Im Gegenteil, sie sah aus wie ein dreckiges altes Zehnpfennigstück.

«Jetzt komm schon», maulte sie ungeduldig, «stell endlich das blöde alte Ding weg und komm her.»

«Schrei nicht so rum! Weißt du, was das hier wert ist?» er hielt die Münze hoch. Evi zuckte mit den Achseln. Er schloß den Kasten wieder, und sie konnte nicht erkennen, ob er die Münze vorher wieder zurückgetan hatte, das war auch nicht wichtig, fand sie. Ihr Vater sammelte Kronenkorken und Bierdeckel.

«Willst du hier übernachten? Weißt du, wie spät es ist?»

«Gefällt es dir nicht, oder was ist los?» Sie hörte den aggressiven Unterton in seiner Stimme und schwieg lieber. Draußen hatte der Sturm etwas nachgelassen, und der Regen hatte sich zu einer gleichmäßigen Dauerdusche eingerichtet.

«Ja, aber wir können doch nicht einfach so hierbleiben.»

«Was denn sonst! Du glaubst doch nicht im Ernst, daß uns jetzt mitten in der Nacht auch nur irgendeiner abschleppt, oder wie?!»

«Nein, wenn du meinst, ich weiß auch nicht...», sie sah sich in dem großen Raum um, plötzlich schien er ihr fremd, der flackernde Widerschein des Kaminfeuers an der weiß gestrichenen Decke erweckte den Anschein, als würde der Dachstuhl brennen. Sie spürte einen kalten Schauer und kuschelte sich tiefer in die Sofakissen.

Bernd hatte den Schrank wieder geschlossen, stand jetzt davor mit beiden Händen in den Hosentaschen. Irgendetwas an seinem Gesichtsausdruck verwirrte sie. Eine Idee blitzte kurz auf, sie zögerte, bevor sie beiläufig fragte:

«Was ist jetzt mit diesem Ding, dieser Münze, wieviel ist sie nun wert?»

«Nichts, war nur ein Scherz», er sah sie nicht an, hatte sich abgewandt und hob die Flasche auf. Sie war leer.

«Hier ist eine neue! Keiner darf verdursten!»

Sie stand in der Tür wie ein Gemälde. Barbara Roth. Sie

sah gewaltig aus, ein bißchen wie Elisabeth Taylor, groß, schlank mit schmalen Hüften und einem großen Busen, das dunkle Haar jetzt anders frisiert, offen. Sie lachte und kam herein, gab Bernd die Flasche. «Heute wird durchgemacht. Einverstanden?»

Bernd hielt die Flasche in der Hand, starrte mit offenem Mund auf diese unglaubliche Erscheinung. Jetzt konnte Evi seinen Gesichtsausdruck zweifellos deuten, so hatte er sie damals angesehen, als er sie zum erstenmal getroffen hatte. Evi fand das widerlich, das war so wie Alexis in Denver Clan, die war auch über fünfzig und hatte dauernd so junge Lover um sich rum. Bloß weil sie Geld hatte. Sicher war die Kuh hier auch schon x-mal geliftet. Evi kam sich plötzlich klein und bieder vor.

Bernd mußte tief Luft holen, erst dann konnte er sich daran machen, die Flasche zu öffnen. Er hätte gern irgend etwas Charmantes, Lustiges, Intelligentes gesagt. Ihm fiel nichts ein, nicht mal ein plattes Kompliment. Er hatte so etwas noch nie erlebt, es war, als käme man mit dem Surfbrett in einen Taifun. Man wußte nicht mehr, wo oben und unten war. Endlich hatte er den Draht vom Verschluß gefummelt, der Korken knallte krachend wie ein Pistolenschuß aus der Flasche, Bernd drehte sich hastig um, und der Champagner schäumte über Evi.

Sie quiekte wie eine Maus auf und sprang hoch. Kreischte und rieb und fuhrwerkte an ihrer albernen Bluse herum, die vorhin im Regen doch sowieso schon versaut worden war.

«Halt's Maul», fauchte er sie an, und seine Hand krampfte sich um den Flaschenhals.

«Komm, Kindchen», Barbara streckte Evi eine Hand entgegen. «Du kannst dich umziehen. Wir schauen mal, ob wir in meinen Schränken etwas für dich finden.» Sie nahm Evi mit hinauf, Evi folgte ihr, immer noch leise jammernd.

Bernd sah ihnen nach. Dann goß er sein Glas voll und trank es auf einen Satz aus. Ließ sich in den Sessel fallen, sprang wieder auf und legte eine neue Platte auf. Ella Fitzgerald und Louis Armstrong. *Dancing cheek to cheek.* Er fühlte sich vollkommen schnulzig und aufgeweicht. Wenn er die Luft einzog, dann war sie voll von ihrem schweren Parfum.

Barbara hatte den Schrank und die Kommode geöffnet und das Oberlicht wieder eingeschaltet. Evi wurde sofort wieder selbstbewußter, als sie sich im Spiegel so direkt neben der anderen sah. Barbara beobachtete sie von der Seite und holte ihr ein paar Sachen heraus. Es wirkte, als würde sie all ihre Kleider zur Verfügung stellen, in Wirklichkeit aber war die Auswahl klug bedacht. Es waren Blusen, die einen volleren Busen erforderten, als ihn Evi hatte, Hosen, die für ihre Hüften zu breit waren, und immer Farben für dunkles Haar und kräftigen Teint. Evi verstand etwas von Mode, aber sie ging bei ihrem eigenen Typ auf Nummer Sicher, und hier war nichts dabei, was wirklich zu ihr gepaßt hätte. Sie entschied sich für ein Jackenkleid aus Naturleinen.

«Wunderbar siehst du aus», sagte Barbara voller Bewunderung. Evi sah dürftig aus, provinziell, blaß. Beige in Beige. Barbara schaltete im Hinausgehen das Deckenlicht wieder aus und ließ Evi allein.

Als sie ins Wohnzimmer kam, saß Bernd wieder in dem Sessel. Vorhin hatte sie für einen kurzen Moment das Gefühl gehabt, daß sich irgend etwas verändert hatte. Das Gefühl, daß jemand hier im Raum etwas umgestellt hatte. Sie hatten natürlich herumgeschnüffelt, das war zu erwarten.

Die Frage war nur, wo die Neugier aufhörte und die Finger lang wurden. Das Mädchen war dumm, ehrlich, aber dumm. Der Mann hatte eine ganz andere Ausstrahlung. Aggressiv, schlau und durchaus kriminell. Vermutlich hatte er sich vorhin aus dem Silberschrank ein paar Münzen gekrallt, aber das würde ihm nicht genügen. Er wollte mehr. Als sie sich zurechtgemacht und das rote Kleid angezogen hatte, war es noch ein Scherz gewesen. Aber seine Reaktion fiel stärker aus, als sie je erwartet hätte. Er wollte nicht nur mehr, er wollte alles. Das Spiel konnte beginnen. Kein Limit für die Einsätze.

Er sprang auf und kam ihr entgegen. Einen Moment lang blieben sie stehen, knapp einen Meter voneinander entfernt. Sahen sich tief in die Augen. Mit einem leisen Knakken schaltete sich der Plattenspieler aus. Es war still bis auf das Rauschen der Bäume draußen und das Atmen des Hauses. Er hatte hellgrüne Augen, fast türkis, seine Haut war braungebrannt und straff, und an seinem Hals konnte sie seinen Pulsschlag erkennen. Kurz und heftig wie bei einem Tier. Sie bewegten sich nicht. Chemie, Hormone, was immer da wirkte, es wirkte stark. Barbara machte den ersten Schritt, kaum mehr als ein paar Zentimeter. Dann war er bei ihr, packte sie und riß sie an sich. Heftig zuerst, dann plötzlich spürte sie ihn weich werden, zärtlich, schwach.

Sie küßten sich.

Vermutlich war er ein guter Liebhaber. Im Moment hatte er alles vergessen, alle Techniken und alle Tricks. Er war ein kleiner Junge bei seinem ersten Kuß.

Das Knarren der alten Holztreppe warnte sie. Evi kam zurück. Bernd wäre das egal gewesen, für ihn gab es nur noch diese Frau und diesen Augenblick. Aber Barbara löste sich von ihm und wandte sich Evi zu.

Er blieb erst mal einfach nur stehen und wartete, bis sein Atem wieder einigermaßen normal ging. Er zitterte, seine Knie waren aus Pudding, sein Gesicht brannte. Verdammt noch mal, er war doch nicht mit Evi verheiratet. Sie war es, die sich immer so monogam aufführte. Er wußte nicht, woher sie diesen Anspruch nahm.

Sie blieb in der Tür stehen und lächelte dümmlich. «Na, wie sehe ich aus?»

Er konnte gar nicht hinsehen. Da stand ein kleines mageres Mädchen in einem viel zu großen Kleid und wollte mit den Großen mitspielen. Ihm war nie aufgefallen, wie einfach sie aussah, nichtssagend. Sie hatte weder Ausstrahlung noch Persönlichkeit. Sie war ein freundliches Nichts, eine hübsche Maske. Neben Barbara wurde sie fast unsichtbar. Und das hatte nichts mit dem Alter zu tun, so etwas kann man nicht lernen. Er steckte sich eine Zigarette an und füllte sein Glas nach.

Evi spürte es, als sie ins Zimmer kam. Etwas hatte sich verändert, es war, als hätte sich die Temperatur unmerklich erhöht. Barbara war freundlich, gab ihr ein frisches Glas und strich ihr über die Wange. «Steht dir entschieden besser als mir», sagte sie, aber es half nicht. Im Gegenteil. So wollte man sie trösten. Ihre Mutter hatte das immer getan, wenn sie als junges Mädchen Angst vor Partys hatte. Du bist nicht häßlich, das bildest du dir nur ein. Dabei wußte sie es besser. Sie war zu klein, hatte einen fetten Arsch und keine Titten. Bügelbrett nannten die Jungen sie oder Schaufelbagger. Aus lauter Kummer aß sie zuviel, vor allem zuviel Schokolade, und ihr Gesicht war voller Akne. Es war eine schreckliche Zeit. Sie hatte mit niemandem darüber reden können, zweimal hatte sie versucht, sich umzubringen, nicht einmal das hatte sie geschafft.

Und wie durch ein Wunder war das alles eines Tages vorbei gewesen. Keine Gebete, keine Geheimdiät, keine große Liebe. Sie war siebzehn und besuchte die Schule für Modedesign, sie dachte nicht mehr an ihr Aussehen. Sie wohnte mit einem anderen Mädchen zusammen, sie hatten keine Zeit und kein Geld mehr für Schokolade. Als der Chef ausgerechnet sie das Model spielen ließ, dachte sie zuerst, er wollte sie verarschen wie früher die Jungen in der Schule. Schau doch mal in den Spiegel, sagte er nur. Und da merkte sie, daß sie richtig hübsch geworden war.

Und jetzt war alles mit einem Schlag wieder wie früher. Da stand sie als plumpes Provinzkalb zwischen den eleganten und selbstsicheren Großstadterwachsenen und kapierte nicht, wo's langging.

Bernd sah sie nicht mehr an. Er hatte da irgend etwas mit dieser nachgemachten Denver-Alexis laufen, irgend etwas, bei dem er sie nicht dabeihaben wollte. Aber wieso sagte er nichts, wieso tat er nur so, als wäre sie gar nicht vorhanden. Das machte sie noch verrückt.

Bernd legte eine neue Platte auf. Begann sich neben dem Plattenspieler im Rhythmus zu wiegen. So was hatte Evi noch nie gesehen, er tanzte nie. Hatte er jedenfalls behauptet.

«Komm», sagte die Frau leise und nahm sie am Arm. Sie tanzte mit ihr, führte sie wie ein Mann. Mein Gott, war die Alte etwa lesbisch? Steuerte sie auf irgendeine Art Dreier hin?! Evi hätte sie gern zurückgestoßen, aber das schien ihr dann doch wieder zu spießig, sie lächelte verkrampft und machte sich los. Tanzte allein, wiegte sich und bewegte sich auf Bernd zu. Sie tanzte gern, und viele hatten ihr schon gesagt, daß sie richtig gut tanze. Aber heute kam sie sich schwerfällig und unbeholfen vor. Der Rock war zu lang, die Jacke schlotterte. Das war nicht lässig, das war schlicht beschissen. Sie ließ sich auf das Sofa fallen und trank ihr Glas aus, schenkte sich nach und trank.

Barbara war jetzt bei ihm, blieb einen Moment neben ihm stehen und wartete, bis er sich ihr zuwandte, um sich im selben Moment umzudrehen und zu tanzen. Sie tanzte langsam und nur für ihn. Er blieb in ihrer Nähe, bewegte sich um sie herum wie ein Tier, er hatte kein Gefühl für die Musik, nur für die Schwingungen, die sie aussandte.

Barbara.

Die Musik war zu Ende, und wieder stand er dicht neben ihr. Sie neigte sich ihm zu, und er küßte sie.

«Haha», Evi klatschte in die Hände und stieß ein paar gespielte Stöhnlaute aus. Bernd fuhr zu ihr herum.

«Hör auf, was soll der Scheiß?!»

«Na, was wohl? Soll ich hier auf dem Sofa pennen oder wie?»

«Penn doch, wo du willst, verdammt!»

«Ach ja? Sehr freundlich? Damit du hier freie Bahn hast, ja? Sehr komisch!»

«Wär besser, du würdest jetzt bald mal die Schnauze halten», er ging langsam auf sie zu, sie wich zurück.

«Weswegen bin ich denn hier? Doch nur wegen dir, oder! Wegen deinem Scheißauto!» Er blieb stehen, sie kniff die Augen zusammen.

«Wenn's überhaupt deins ist.»

Einen Augenblick lang war es totenstill, dann sagte Barbara ruhig: «Aber Kinder, streitet doch nicht. Wenn ihr müde seid, dann zeige ich euch das Gästezimmer, und ihr geht ins Bett. Das ist doch nun wirklich kein Problem.»

«Nein», Bernd musterte Evi mit einem seltsamen Gesichtsausdruck. «Das ist es nicht.»

«Wollt ihr ernsthaft streiten? Das könnt ihr dann auch in eurem Zimmer machen.»

«Ich will nicht streiten», sagte Evi leise, wie hypnotisiert von Bernds Blick. Barbara wandte sich ab, damit die beiden ihr Lächeln nicht sehen konnten. Etwas mit dem Auto war nicht in Ordnung. Bernd war ein Dieb, und die kleine Evi durfte davon nichts wissen. «Kommt mit in die Küche. Ich hab Hunger. Was haltet ihr von Lasagne? Ich liebe Lasagne um Mitternacht.»

«Zu jeder Tages- und Nachtzeit!» Bernd rannte lachend hinter ihr her und hielt ihr die nicht vorhandene Tür auf. «Wie Garfield!» Er drehte sich zu Evi um. «Und Kinder können ja schon ins Bettchen gehen.»

«Und du bist kein Kind mehr?» fragte Barbara ihn leise.

«Ich bin ein Kater», er beugte sich vor und schnurrte ihr einen Kuß in die Halskuhle.

«Soll das den ganzen Abend so weitergehen?» Evi war aufgestanden und latschte hinter ihnen her, betont nachlässig, so als wäre es ihr nun vollkommen egal, wie sie aussah. «Ich find das echt beknackt, wie ihr zwei da rummacht.»

«Keine Angst», Barbara holte tiefgefrorene Lasagne hervor und stellte die Zutaten für Salat und Krabbencocktail auf den Tisch. «Ich nehm ihn dir schon nicht weg.»

Evi sagte nichts, schnaubte nur verächtlich durch die Nase. Bernd griff nach ihrem Arm und drückte ihn kurz zwischen Zeigefinger und Daumen zusammen. Evi schrie vor Schmerz auf. Bernd ließ den Arm wieder los. Sah nur Barbara an. «Ich gehör ihr nicht. Da gibt es keinen Besitzanspruch oder Kaufvertrag oder auch nur ein Leasingabkommen.» Er wandte sich wieder Evi zu. «Oder siehst du das anders?»

«Du bist ein Arsch.» Evi begann den Salat zu schneiden,

aber sie stellte sich ungeschickt an, sie ließ ihre Wut an den Salatblättern aus. Er konnte nicht mehr hinschauen. Barbara kochte und arbeitete mit weicher Gelassenheit, ihre Bewegungen schienen so selbstverständlich, als würde sie oft in der Küche arbeiten.

«Kann ich dir was helfen?» fragte er.

«Was könntest du denn tun?»

«Dir zuschauen. Es ist schön, dir zuzuschauen.»

«Hättest du wohl nicht erwartet, wie? Schauspielerinnen sind grundsätzlich schlechte Hausfrauen und ernähren sich von Pillen und Whisky.»

«Ich dachte, ihr schnupft alle Kokain. Macht nicht dick.»

«Ach, weißt du, ich trage lieber Gold am Finger als in der Nase.» Er verstand nicht, was sie meinte, sah nur ihren geschmeidigen Körper, die leichten Falten, mit denen sich die rote Seide um ihre Hüften legte. Allein das. Wie sie da in ihrer Küche Lasagne fertigmachte und in das Backrohr schob – mit einem roten Seidenkleid. Bernd hatte eine Nase für teure Sachen, und dieses Kleid war locker einen halben Kleinwagen wert. Sie rührte die Soße für die Krabben an, schmeckte sie ein bißchen mit Zitrone ab und gab ihm zu probieren.

Es war eine richtige kleine Inszenierung, wie sie zu seinem Platz an den Tisch kam, sich zu ihm herunterbeugte und ihm das Löffelchen mit der Soße zu probieren gab. Ihr Busen wölbte sich prall und sonnengebräunt aus dem leuchtenden Dekolleté ihm entgegen, er leckte mit der Zungenspitze ein wenig von der rosaroten Soße auf und setzte ihr einen Kuß auf die Haut. Sie wischte ihn mit dem Finger weg. «Du verwechselst da was. Ich bin keine Krabbe.»

«Wenn schon, dann Hummer.»

Sie lachte und wandte sich wieder ihren Schüsseln zu.

Evi hockte am Tisch wie ein Bauernmädchen, den Kopf in beide Hände gestützt. Sie war stocksauer. Sie grummelte und maulte unentwegt leise vor sich hin. So eine Quadratscheiße. Aber echt. So ein vollkommen beschissener Abend. Und dann noch das Wetter. Aber ehrlich. So eine Kacke...

«Hör zu», er packte sie wieder grob am Arm und drückte zu, bis sie aufstöhnte. «Du hast genau drei Möglichkeiten: Du läufst ins Dorf runter oder auch heim, du gehst ins Bett, oder du hältst die Schnauze. Ist das klar?!»

«Nein», sie riß ihren Arm los, «du verblödeter Machoarsch! Ich werde dir sagen, was ich jetzt mache. Ich ruf mir ein Taxi.»

«Geht leider nicht», Barbara füllte Krabben in Schalengläser. «Die Autowerkstatt im Dorf ist auch das einzige Taxiunternehmen, und jetzt im Herbst haben die nachts keinen Dienst. Und aus der Stadt kommt keiner nur wegen einem Telefonanruf hierher.»

Evi schwieg. Sie war überzeugt davon, daß so eine reiche und prominente Hausbesitzerin sehr wohl Möglichkeiten hatte, auch jetzt an ein Taxi zu kommen. Die Lasagne begann verlockend zu duften. Evi beschloß, erst einmal zu bleiben und weiter abzuwarten. Die Frau war verrückt, aber das waren Reiche ja oft, und vielleicht würde sie von nun an auch mal in ihrer Boutique einkaufen und ihre Bekannten mitbringen. Mit Bernd war sie fertig, das war ja wohl das allerletzte, wie der sich aufführte.

Als sie die Teller in das Wohnzimmer hinübertrugen, kam wieder so etwas wie Stimmung auf. Evi deckte den Tisch, Bernd legte neues Holz auf das verlöschende Feuer, und Barbara trug mit großem Trara das fertige Essen auf.

Sie zündete Kerzen an und legte Play Bach auf. Sie merkten, wie hungrig sie waren, und begannen zu essen.

Barbara hielt sich zurück. Sie hatte vergessen, ihre Gallentabletten einzunehmen, und mußte aufpassen. Evi saß neben ihr. Sie aß mit dem Hunger junger Menschen. Sie mußte weder an ihre Figur noch an ihre Gesundheit denken, sie konnte sich voller Wonne und Wohlbehagen den Wanst vollschlagen. Sie schien ihren Unmut vergessen zu haben, lachte mit vollem Mund und legte sich noch eine Portion auf den Teller. «Schmeckt toll! Absolut super!»

Axel hieß er, oder war es Reinhardt gewesen? Der Fotograf, der sie zum Essen eingeladen hatte. Er war schon vierzig, und sie wußte natürlich, was er von ihr wollte, so naiv war sie auch mit zwanzig nicht gewesen. Aber sie hatte Hunger, sie hatte seit Tagen nicht richtig gegessen. Er bestellte ein richtiges Menü für sie. Mit Suppe, Vorspeisen, Steak, Salaten und Eisbecher hinterher. Er selbst aß kaum etwas, trank Wein und begnügte sich damit, ihr beim Essen zuzusehen. Damals dachte sie, er wartete nur darauf, mit ihr ins Bett zu kommen, aber das stimmte nicht. Du bist jung, sagte er, und schön. Du hast eine sinnliche Art zu essen. Das ist sehr ästhetisch. Er fotografierte sie und sagte ihr eine große Zukunft voraus. Er war der erste, der sie weder Bärbel noch Babsi nannte. Barbara. Sie hatte ihn bald aus den Augen verloren, aber die Fotos besaß sie immer noch. Wie sie Spaghetti aß, im Bikini am Strand.

Evi nahm sich zum drittenmal. Ihr Gesicht hatte Farbe bekommen, ihre Haut schien von innen her zu glühen. Die Poren waren so fein, daß man sie mit bloßem Auge kaum erkennen konnte. Ein zarter Flaum hellblonder Härchen schimmerte im Licht der Kerzen und des Feuers. Barbara stand abrupt auf und begann den Tisch abzuräumen. Evi sprang auch auf, um ihr zu helfen. Bernd beobachtete sie mit einem müden Lächeln. Sie mußte sich etwas einfallen lassen.

«Was haltet ihr von einem Spielchen?» fragte sie, als alles abgeräumt war. Evi gähnte hemmungslos, Bernd grinste anzüglich. Barbara ging zu dem antiken Wandschrank und begann darin herumzukramen. Canasta-Karten in einem Etui aus rotem Saffianleder, BackGammon in einem Kasten mit Holzintarsien, ein Schachspiel mit Elfenbein- und Ebenholzfiguren, grüner Spielfilz und ein Roulette. Der kleine Kasten aus dunkel poliertem Mahagoni stand weit hinten. Sie holte ihn hervor und stellte ihn wie zufällig zusammen mit dem BackGammon und dem Scrabble auf den Tisch.

«Das geht ja alles nur zu zweit», stellte Evi gelangweilt fest. Ganz offensichtlich hatte sie vor, nicht vorzeitig aufzugeben. Barbara nahm das Scrabble von dem Mahagonikästchen. Die Messingbeschläge blinkten matt und ließen es kostbar erscheinen.

«Wir spielen Scrabble», sie baute das Brett auf und verteilte die Hölzchen. «Unanständige Wörter zählen doppelt.»

Bernd hatte den Kasten entdeckt. Er zog ihn vorsichtig zu sich hin und strich mit einem Finger über das seidenglatte Holz. «Was für ein Spiel ist das?»

«Oh, das», Barbara schien den Kasten erst jetzt wahrzunehmen, «das hab ich aus Versehen rausgeholt. Das ist kein Spiel.»

«Was dann? Ein Schatz?»

Barbara schwieg. Lächelte.

«Darf ich es aufmachen?»

«Fangen wir an. Der Gewinner darf reinschauen.»

Das Spiel lief zäh und mühsam an. Barbara fing an und setzte DAFFKE. Evi wollte wissen, was das hieß, und behauptete, nur allgemein bekannte Wörter würden gelten. Sie grübelte mit gerunzelter Stirn und dachte stundenlang über jeden Buchstaben nach. Bernd setzte FUCK und konnte sich darüber kaputtlachen.

«Ausländisch gilt nicht», stellte Evi fest und legte KY, grinste kleinmädchenhaft und holte sich einen neuen Buchstaben. Barbara sah unauffällig auf die Uhr. Es war Viertel nach fünf, noch knapp zwei Stunden, bevor es hell wurde. Unmerklich drückte sie ihr Knie gegen das von Bernd und legte LOVE.

«Das ist englisch!» jaulte Evi auf, Bernd erwiderte mit seinem Knie den Druck.

«Hör auf, rumzumaulen, alles gilt.»

«Von mir aus», Evis Gesicht verspannte sich, sie legte KRATERBEIN.

«So eine Scheiße. Du bist echt bescheuert.» Bernd wollte die Buchstaben für BEIN wieder von KRATER wegnehmen. Evi schlug ihm mit der Handkante auf die Finger. Barbara fühlte, wie sein Knie zurückzuckte, zog ihren Pumps aus und krabbelte ihm mit dem nackten Fuß unter das Hosenbein. Er erstarrte für einen Sekundenbruchteil, schob ihr dann sein Bein entgegen, grinste Evi gemein an und setzte BÖHMENWAX.

Evi wollte auffahren, da lachte Barbara dazwischen und legte XAVERSEI. «Alles gilt.»

«Das ist doch kindisch», Evis Gesicht verhärtete sich vor Zorn. «Was soll das denn sein?» Sie klatschte die Buchstaben für LAND so heftig auf das Brett, daß alles verrutschte.

«Das Ei vom alten Xaver», Bernd lachte, drückte heftig

gegen Barbaras Fuß und legte UNDHERZ hinten an XAVERSEI dran.

«Das ist ja wohl die Endstation!» Evi warf ihr Brettchen und die Hölzer um. «Ihr könnt mich doch alle beide am Arsch lecken! Wenn ihr bumsen wollt, dann tut's doch endlich. Aber dieses Getue! Das ist ja nicht zum Aushalten!»

«Sag mal, bist du noch ganz dicht?» Bernd beugte sich vor und studierte Evi mit dem interessierten Gesicht eines Insektenforschers. Evi verzog den Mund.

«Also los, worauf wartet ihr?»

«Du gibst also auf?»

«Ja, Mann. Ihr könnt alleine weiterspielen!»

«Das ist also meins.» Bernd legte eine Hand auf den Mahagonikasten. Evi hatte ihn völlig vergessen. Nagte jetzt an ihrer Unterlippe.

«Halt mal. Wir zählen erst die Punkte. Danach hab ich nämlich gewonnen. Haushoch.»

«Du gibst auf.»

«Nein», sie griff nach dem Kasten. Bernd war schneller und zog ihn zu sich herüber, bevor sie ihn berührte.

Barbara sagte nichts. Saß nur da, beobachtete und drückte mit ihrem Fuß gegen Bernds Wadenmuskeln. Sie spürte sein leichtes Zittern, gab kurz nach, näherte sich ihm wieder. Bernds Hand lag auf dem Kasten. Er behielt Evi und ihre Hand im Auge, als wollte er einen gefährlichen Fisch angeln oder fürchtete, von einem tollwütigen Hamster angefallen zu werden. Er nahm sie nicht ganz ernst.

Ihre Hand schnellte plötzlich hervor, und sie hatte den Kasten. Evi sprang auf, lachte schrill und wirbelte den Kasten durch die Luft. Bernd war mit einem Satz bei ihr, packte sie und drehte ihr die Arme nach hinten. Sie schrie auf, wollte den Kasten nicht loslassen. Sie stürzten beide zu Boden, wälzten sich herum und kämpften um den Kasten wie zwei junge Hunde.

Bernd drückte ihr mit dem Knie das Blut aus dem Oberarm. Evi schrie auf und ließ endlich den Kasten los.

Bernd hatte Probleme mit dem Messingschlößchen. Seine Finger zitterten, endlich hatte er den feinen Haken aus der Öse gezogen und klappte den Deckel auf.

Der Kasten war innen mit blauem Samt ausgeschlagen, darin eingebettet lagen zwei fein ziselierte und silberbeschlagene Duellpistolen aus dem vorigen Jahrhundert.

Fasziniert nahm Bernd eine der Pistolen und hielt sie mit beiden Händen hoch. Die Schlösser und Beschläge funkelten im warmen Kerzenlicht. Bernd war erstaunt über das Gewicht. Die Pistole war schwerer, als er es vermutet hatte. Ein gutes Gewicht. Gut und glatt. Er strich zärtlich über die Verzierungen, und das Metall erwärmte sich unter seiner Berührung.

«Rasend komisch», keifte Evi. «Kannst du gern behalten, wenn das der Preis sein soll.»

«Das ist so schön», sagte Bernd leise, «so wunderschön. Du bist nur viel zu blöd, so was zu begreifen.»

«Ach, ich bin zu blöd. Das ist ja wohl das neueste. Du Arsch, du bescheuerter! Glaubst du denn im Ernst, ich wüßte nicht, was mit dir los ist?»

«Von wem sind die?» Er hielt die Pistole fragend hoch, schußbereit in seine rechte Hand geschmiegt. Barbara hob die Schultern.

«Keine Ahnung, mein Mann hat sie irgendwann einmal ersteigert. Man kann sie nicht mehr laden, es gibt keine Munition, die müßte man mühsam von Hand anfertigen.»

«Sicher sind sie wertvoll. Sie sollten sie ihm schenken. Sonst nimmt er sie sich einfach. Wie die Silbermünzen vorhin.» Evis Stimme stockte.

Es war so still, daß man das Ticken der Swatch an Bernds Handgelenk hören konnte. Evi begegnete seinem Blick. Ihr Mund war nur noch ein Strich. «Schieß doch. Na los, das willst du doch, oder?»

«Peng, Peng», sagte er, hob die Pistole und drückte ab.

Der Krach war betäubend, dunkler Qualm stieg auf, Bernd hielt sich seinen schmerzenden Arm. Erst dann sah er Evi. Sie saß noch immer, schwankte erst jetzt und fiel dann wie in Zeitlupe zurück. Sehr, sehr langsam. Er hatte sie am Hals getroffen. Das Blut sprudelte in einem hohen hellroten Geysir aus ihr heraus.

Er schrie auf und stürzte sich über sie.

Barbara wandte sich ab. Widerlich. Sie würde alles erneuern müssen und den Teppich wegwerfen. Sie nahm den Telefonhörer ab und wählte die Nummer der Polizei. Es dauerte ein paar Minuten, bis sich jemand meldete. «Hier spricht Barbara Roth. Bitte kommen Sie sofort, hier ist ein Mord geschehen.»

Während sie wartete, hob sie etwas auf, stellte Gläser und Aschenbecher fort, fegte die Scrabblesteinchen zusammen und packte die Spiele weg. Bernd heulte über Evis reglosem Körper, er war mit ihrem Blut besudelt.

Sie kamen zu viert, zwei Streifenwagen, bis auf einen neuen Kollegen kannte Barbara alle. «Es ist so schrecklich», sagte sie, «die beiden jungen Leute kamen zu mir, weil sie telefonieren wollten, sie haben da unten irgendwo ein Auto stehen, gestohlen vermute ich. Sie haben versucht, auch ein paar Sachen mitgehen zu lassen. Dann bekamen sie Streit. Bitte nehmen Sie den Mörder mit.»

«Das ist doch nicht wahr!» Bernd sprang auf, schrie, war außer sich. Er sah furchterregend aus, brüllend und blutbeschmiert. Sie packten ihn, drehten ihm die Arme nach hinten. Handschellen klickten.

Es dauerte noch länger, bis der Krankenwagen kam, der Arzt, die Kripobeamten aus der Kreisstadt. Draußen wurde es hell. Es hatte aufgehört zu regnen, auch der Wind hatte sich gelegt. Der Himmel war grau. Alles war grau.

Sie war wieder allein in ihrem Haus. Es roch nach kalter Asche und Reinigungsmitteln. Über dem Moor lag weißer Nebel wie unbeschriebenes Papier. Er kam bis zum Haus und drang durch die Fenster herein. Hängte sich in dünnen Fäden unter die Dachbalken.

Die Stimmen flüsterten.

So allein war sie gar nicht.

Friedhelm Werremeier

BRUDER FRITZ

Die Sache, von der hier die Rede ist, war eigentlich nur möglich, weil's bei der kompletten Frankfurter Kripo von Anfang an keinen einzigen Menschen gab, der Harry Finkenberg kannte und ihn leiden konnte. Ein Stinkstiefel ersten Grades war er, unumstritten ein unkollegialer, muffiger, oft auch noch nach abgestandenem Schweiß riechender Kotzbrocken, wie er im Buche steht; wer immer beruflich mit ihm zu tun hatte, setzte sofort Himmel und Hölle in Bewegung, um den Kontakt wieder loszuwerden. Nur der eigentlich recht vernünftige Kollege Blank, Alfred, geboren am 12. 5. 1936, bildete da eine Ausnahme: er suchte Finkenbergs Nähe Jahre hindurch immer schon dann, wenn er ihn auch nur zu wittern glaubte.

Blanks genaues Geburtsdatum spielt insofern eine Rolle, als sich der Vorfall, der die weiteren Ereignisse ins Rollen brachte, ausgerechnet an Blanks 47. Geburtstag ereignete – am 12. 5. 1983. Blank erschien an diesem Morgen reichlich unausgeschlafen und verkatert zum Dienst, weil er am Abend zuvor mit seiner Frau und seinem sechzehnjährigen Sohn sowie wenigen handverlesenen Freunden «reingefeiert» hatte. Und ausgerechnet in diesem Zustand wurde er, bevor ihm auch nur einer gratulieren konnte, von einem

Anruf erwischt, der ihm für den Tag ein heißes Tänzchen versprach.

«Erstes Kommissariat, Blank...?»

«Sind Sie die Mordkommission?» fragte eine piepsige, wenngleich eindeutig männliche Stimme, die offenbar von der Telefonzentrale durchgestellt worden war.

«Also, ganz falsch sind Sie nicht», meinte Blank, immerhin Oberkommissar für kapitale Verbrechen, «was haben wir denn so auf dem Herzen?»

Er sei heute morgen früh um sieben im Stadtwald spazierengegangen, sagte der Anrufer, ohne näher auf den bemüht lockeren Ton einzugehen.

«... also gerade vorhin?»

Ja, ja, meinte er, er lege immer schon drei, vier Kilometer zurück, bevor er frühstücke; es schmecke ihm dann besser. Ob er allerdings das Frühstück, seine Lieblingsmahlzeit, heute morgen würde runterwürgen können, wage er zu bezweifeln, denn er sei...

Ungeduldig: «Ja, was denn?»

Er sei, er sei, er sei doch tatsächlich über eine Leiche gestolpert, brachte der Mensch im fünften Anlauf tapfer heraus, eine weibliche Leiche liege gleich neben dem Weg. Sie dürfte dort immer noch liegen, denn er habe natürlich, um Gottes willen, nichts angefaßt, und so früh am Tag sei's sicher unwahrscheinlich, daß...

Fasse dich kurz, dachte Blank mit pochendem Kopfschmerz. Bitte die Fundstelle genau. Name, Telefon, Adresse des ehrlichen Finders.

«Ich werde draußen vor meiner Tür warten!» sagte der Mann unaufgefordert.

«Okay, wir beeilen uns!»

Zunächst mal drei Personen suchten nun einen Mörder.

Blank und zwei Kriminalhauptmeister, darunter sein Freund Peter Wosnik, holten ihren ersten Zeugen Ingo Pieck, einen schmächtigen, knapp fünfzigjährigen Frührentner, von zu Hause ab und fuhren mit ihm in den dämmrigen, duftenden Maiwald am Morgen. Nachdem sie ihre beiden Wagen geparkt und die letzten Meter zur Leichenfundstelle zu Fuß zurückgelegt hatten, blieben sie stehen. Vorsichtig traten sie näher heran: sie erkannten, daß die vollständig bekleidete Frau, die auf dem Bauch lag, noch ein Mädchen war – man konnte es ihrem im Wangenbereich etwas zur linken Seite hin gequetschten Gesicht doch recht deutlich ablesen. Außerdem sahen die erfahrenen Mordbeamten, ebenfalls auf Anhieb, daß das bedauernswerte Ding erwürgt worden war, wenngleich die Würgemale vorerst nur andeutungsweise sichtbar waren.

«Kennen Sie die Tote?» fragte Wosnik.

Ingo Pieck bekam einen Ausdruck von Panik in den Blick und hob die Schultern. «Ich weiß nicht... ich habe nicht so genau hingeguckt...»

«Dann tun Sie's jetzt. Aber zertrampeln Sie nicht das ganze Gelände!»

Er tat's vorsichtig und mit äußerstem Widerwillen. «Nein», sagte er dann, felsenfest überzeugt, «ich habe sie nie im Leben gesehen!»

So weit, so gut. Der Mordwagen, der im Stadtgebiet ständig hinter ihnen gewesen und erst diesseits der Waldgrenze etwas zurückgeblieben war, rumpelte heran. Im Nu war das umliegende Gelände mit Nummernschildchen vollgesteckt und so gut wie abgesperrt, und von da an hatte am Schauplatz des Verbrechens, außer den Spurensicherern und dem wenig später eintreffenden Arzt, kaum noch einer was zu bestellen.

Blank ging dann als erster. Er nahm Pieck mit zum Wagen und ließ ihn einsteigen. Als er schon beinahe die Mörfelder Landstraße erreicht hatte, kam ihm auf dem nur einspurig zu befahrenden Waldweg ein grünes Cabriolet entgegen, blendete auf und zwang ihn zum Anhalten.

Eine schlanke, in einen zum Auto passenden Overall gekleidete junge Frau sprang heraus und lief auf ihn zu. «Sagen Sie bloß, Sie sind von der Kripo...?»

«Wie kommen Sie denn auf die Idee?» fragte Blank und spürte, wie Pieck ihn anschaute.

«Ja, hier soll doch jemand ermordet worden sein», erklärte die Person, «wär doch naheliegend, daß sich die Polizei um so was kümmert...?»

Blank sagte: «Zeigen Sie mir mal Ihren Ausweis!»

Sie kramte ein orangerotes Papier aus den Tiefen des Overalls – einen Presseausweis.

Jutta Röder, las Blank, geboren am 9. 5. 1955. «Na, dann mal herzlichen Glückwunsch nachträglich!»

«Danke, danke. Sind Sie denn nun Polizist, oder wollen Sie mich anmachen?»

«Ich bin. Und was wollen Sie hier?»

«Na was!» sagte sie. «Irgendwer hat was im Polizeifunk gehört und mich losgehetzt.»

«Aha. Und für wen arbeiten Sie?»

«Kennen Sie doch nicht. Heißt ‹Francoviel› – 'n sehr gutes neues Scene-Blatt. Ich hab übrigens noch nie mit Mord zu tun gehabt, bin sonst mehr für Kultur...»

«So, so», sagte Blank. «Aber den Polizeifunk abhören haben Sie doch schon gelernt!»

Sie giftete ihn an, kurz, aber heftig. «Fangen Sie doch nicht mit *dem* Blödsinn an! Ist nun einer ermordet worden oder nicht?»

Da nickte Blank. «Eine, genau gesagt. Lassen Sie mich mal vorbei, und dann fahren Sie weiter geradeaus und oben an der Wegkreuzung rechts...»

«Okay – danke. Wie heißen Sie eigentlich?»

«Blank», sagte er, bevor er sich bremsen konnte.

«Gut, Herr Blank. Kann ich Sie mal anrufen?»

«Wenn's sein muß, ja. Aber ich bin meist auf Achse...»

«Alles klar!» Sie stieg in ihr Cabrio und steuerte es vorsichtig im Rückwärtsgang in den Wald. Als Blank auf dem engen Weg an ihr vorbei war, gab auch sie Gas und fuhr wieder raus, in die andere Richtung zwischen wuchtigen Buchenstämmen ihrem ersten Mord entgegen.

Blank erreichte wenig später die City. Wär eigentlich ein nettes Geburtstagsgeschenk, wenn sie mal anrufen würde, dachte er versonnen.

«Hübsches Mädchen...» sagte Pieck in diesem Moment. Was er sagte, hatte bis jetzt immer Hand und Fuß gehabt.

Die nächsten achtundvierzig Stunden vergingen den Mordbeamten, was in solchen Situationen oft vorkommt, wie im Zeitraffer. Die Leichenfundstelle, ermittelten die Kriminaltechniker, war mit Sicherheit nicht der Tatort; offenbar war die Tote mit einem Auto in den Stadtwald befördert worden. Wagenspuren wiederum, die dazu passen mochten, gab's allerdings nicht, denn es hatte sehr früh am Morgen anderthalb Stunden lang wie aus Kübeln gegossen.

Im gleichen Zeitraum stellten die Rechtsmediziner fest, daß das Mädchen mutmaßlich zwischen drei und vier Uhr morgens gestorben war, tatsächlich durch einen massiven Würgegriff mit Zertrümmerung des Schildknorpels. Außerdem enthielt das Blut des bedauernswerten Mordopfers – «erstaunlicherweise», merkte der federführende Obduzent an – annähernd zwei Promille Alkohol. Von Spermaspuren oder anderen Anzeichen für eine der Tötungshandlung vorausgegangene Vergewaltigung war hingegen nicht die Rede.

Blank selbst und seine Männer rannten sich derweil treppauf, treppab die Hacken ab; dann, immerhin, wußten sie, wer die Tote war. Sie wurde von einem Herrn Ottmeyer aus Oberrad schluchzend als seine noch zum Gymnasium gehende neunzehnjährige Tochter Elke identifiziert, und erneut zwei Tage später wußte man auch, daß Elke Ottmeyer am Abend und in der Nacht vor ihrem gewaltsamen Tod in der Schwanheimer Diskothek *Blue Scorpion* gewesen war und kräftig einen gebechert hatte. An dieser Stelle schloß sich der Kreis: die jeweiligen Aussagen stimmten mit den gesicherten rechtsmedizinischen Erkenntnissen absolut überein.

Spätestens jetzt aber stellte sich die Frage, wer der bedauernswerten Elke Ottmeyer, die als besonders sparsam galt, diese vielen Drinks bezahlt hatte – und die Antwort darauf brachte die Ermittlungen allem Anschein nach ein gutes Stück weiter. Die Spendierhosen habe ein Grufti angehabt – ein älterer Typ, mindestens Anfang Dreißig, erklärten übereinstimmend mehrere jüngere Disko-Gäste, und mit dem sei Elke, wenn sie denn Elke hieß, auch irgendwann weggegangen. Natürlich waren die Zeugen auch sofort bereit, sich mit einem Polizeispezialisten zusammenzusetzen und ein Phantombild des zwangsläufig Verdächtigen anzufertigen; wenn's darum geht, daß jemand einem der Ihren ans Fell will, sind Jugendliche von heute viel kooperativer, als die ältere Generation im allgemeinen behauptet.

Das Bild des Mannes, der angeblich sehr viel weniger als

Elke getrunken hatte, war rasch fertig. Das Bild eines bartlosen, etwas schmallippigen Mannes mit gerader Nase und einem relativ hohen Haaransatz.

«Der sieht ja echt aus wie Harry Finkenberg!» meinte spontan gleich der erste, der das Bild sah. Wahrscheinlich wollte er nur einen Witz machen. Aber Alfred Blank nahm's von Anfang an bitter ernst, ohne zunächst was zu sagen.

Der tatsächlich bartlose, etwas schmallippige Kriminalobermeister Harry Finkenberg, ein Mann mit einer geraden Nase und einem relativ hohen Haaransatz, ahnte mehrere Tage lang zunächst nichts von dem ihm drohenden Unglück. Er ging, stoffelig und ignorant wie immer, leider jedoch auch halbwegs zuverlässig, seinen Amtsgeschäften im Betrugsdezernat nach, und er fand nichts dabei, daß Blank persönlich ihn bei einer Frühbesprechung knipste. Angeblich nämlich hatte Blank, der scheinbar auch andere Kollegen ablichtete und dabei mehr oder weniger fachkundig mit ihnen herumpalaverte, nur mit einer gerade reparierten Kamera herumgespielt und einen Testfilm verschossen.

Blank hingegen ließ den Film im Labor entwickeln und nahm ihn dann mit nach Hause. Binnen eines Tages hatte die Drogerie in seiner Straße auftragsgemäß einen Abzug von Finkenberg gemacht, und mit dem und einigen anderen Porträts im gleichen Format ging er abends in den *Blue Scorpion*. Trotz des von allen Seiten auf ihn einstürzenden Irrsinnslärms klopfte ihm das Herz deutlich spürbar bis in den Hals, als ein Knabe, der erklärtermaßen auch in der mutmaßlichen Mordnacht dagewesen war, die Fotos wie ein

Kartenblatt in die Hand nahm und dann Harry Finkenbergs Porträt wie einen hohen Trumpf auf den Tresen knallte.

«Der war's», brüllte er auf Anhieb, «der hat mit dem Mädchen rumgemacht! Ich glaub, so ungefähr gegen eins sind sie abgehauen...»

Er holte noch drei andere junge Leute, zwei Jungen und ein Mädchen, die die Fotos ins rotblaugrüne Flackerlicht hielten und sich einig waren: Jawohl – der war's wirklich! So stand es am Ende immerhin vier zu null gegen Harry Finkenberg, und dieses Ergebnis, beschloß Blank, reichte aus, um ihn doch mal etwas näher und gründlicher unter die Lupe zu nehmen.

Es war ein denkwürdiger Augenblick, als er am Morgen darauf zum Hörer griff und den ungeliebten Kollegen anrief; niemand konnte sich erinnern, daß das schon mal einer freiwillig und scheinbar ohne Not getan hatte. «Können Sie bitte mal gleich zu mir kommen?»

Harry wäre nicht Finkenberg gewesen, wenn er nicht erst mal Widerworte gegeben hätte; Blank mußte im Endeffekt seine ganze Autorität ausspielen, um ihn herzukriegen. Dann aber war's soweit, und Blank machte, mit wahrem Pokergesicht, seine Tür sorgsam hinter Harry und sich zu.

«Wie alt sind Sie?» fragte er, sobald er und sein Verdächtiger sich gesetzt hatten.

«Knapp dreiunddreißig», kam die Antwort. «wen interessiert das?»

«Mich!» sagte daraufhin der Oberkommissar. Und schoß seinen ersten, noch nicht sehr spitzen Pfeil ab: «Stimmt es eigentlich, daß Sie wenig oder nur dann Alkohol trinken, wenn's sich nicht vermeiden läßt?»

«Stimmt!» gab Finkenberg zu. «Noch was?»

«O ja», sagte Blank. Und dann kam's massiv: «Wo waren Sie in der Nacht zum zwölften Mai?»

Finkenberg starrte ihn an. «Weiß ich nicht... was war denn am zwölften Mai?»

Blank überhörte die Frage. «Haben Sie etwa keinen Terminkalender?»

«Doch», gab Finkenberg zu, «aber soweit ich weiß, geht es Sie einen feuchten Kehricht an, was da draufsteht. Wenn Sie hundertmal Oberkommissar sind – ich wüßte beim besten Willen nicht, wieso ich Ihnen in irgendeiner Form Rechenschaft ablegen müßte.»

Blank blieb erstaunlich gelassen – wie jemand, der es sich leisten kann. «In Ihrem Interesse, Kollege – es wäre sehr gut für Sie, wenn Sie antworten würden!»

Finkenberg starrte ihn an. «Jetzt fällt's mir wie Schuppen von den Augen!» sagte er dann. «Kann's sein, daß mich Ihr Ton an eine Vernehmung erinnert?»

«Okay!» meinte Blank mit tiefem Ernst – es ließ sich nicht länger hinausschieben. «Es *ist* eine Vernehmung, und zwar eine Beschuldigtenvernehmung... auf Ihre Rechte muß ich Sie ja sicherlich nicht näher hinweisen...»

«Hört, hört!» sagte Finkenberg, diesmal ohne eine Miene zu verziehen. «Was liegt denn an? Aktienschwindel, Scheckbetrug, Begünstigung im Amt...?»

Blank schüttelte den Kopf. «Nix aus Ihrem Revier. Sie werden beschuldigt, in der Nacht zum zwölften Mai beziehungsweise in dessen Morgenstunden die neunzehnjährige Elke Ottmeyer getötet zu haben! Ich mache Sie pflichtgemäß darauf aufmerksam, daß alles, was Sie sagen, ab sofort gegen Sie verwendet werden kann und so weiter...»

«Da schlag doch einer lang hin!» war nunmehr Finkenbergs Reaktion. «Ich glaub, mich tritt ein ... ich meine, Sie sind ja wohl besoffen!»

Blank zuckte die Achseln. «Wollen Sie mir jetzt sagen, wo Sie gewesen sind, oder nicht?»

«Zu Hause», sagte Finkenberg, «wo sonst?» Dann, immerhin, überlegte er. «War da nicht diese Sendung mit Klaus Löwitsch im Fernsehen? Dieser ... na, Superpolizist, der die Klamotten hinschmeißt?»

«Kann sein», sagte Blank, «wollen Sie sagen, daß Sie sich das angeguckt haben?»

«Nee, nee», entgegnete Finkenberg abfällig, «*jeden* Quatsch guck ich mir ja nun auch nicht an. Ich hab's ausgedreht, als es anfing ...»

«... und?» fragte Blank sofort. «Was haben Sie statt dessen gemacht?»

«Gelesen. Was so an Zeitschriften rumlag. Ich war an dem Abend echt kaputt – elf Stunden dienstlich auf Achse, ich habe mal richtig gegammelt ...»

«Ganz allein?»

«Richtig!» sagte Finkenberg. «Leider Gottes hab ich dafür keinen einzigen Zeugen. Sie wissen vielleicht, daß ich allein lebe ...»

Blank nickte. Er verkniff sich die naheliegende Bemerkung, daß er sich jemanden, der mit Harry freiwillig zusammenleben würde, tatsächlich nicht mal im Traum vorstellen könne; allein Finkenbergs eindeutige und offenkundige Lüge, sagte er sich, war das, worauf es hier ankam. «Sie sind», erklärte er, «am Abend des elften und nachts am zwölften Mai trotzdem beobachtet worden!»

«Von wem denn?»

«Von mehreren Gästen einer Diskothek – mir ist der Name im Moment entfallen ...»

«Ach ja», sagte Finkenberg lässig, «richtig, ich bring da wohl was durcheinander...»

«Sie bringen gar nichts durcheinander», erklärte Blank mit großem Ernst. *Er* hätte sich Löwitsch angesehen, wenn ihm seine Geburtstagsgäste nicht nach den ersten fünf Minuten einen Strich dadurch gemacht hätten, und *er* wußte deshalb hundertprozentig, wann der Streifen auf dem Programm gestanden hatte. «Der lief am elften, richtig – aber Sie sind an dem Abend eindeutig *nicht* zu Hause gewesen!»

«Ich glaube, ich bin jetzt doch sehr erschöpft», behauptete Harry Finkenberg an dieser Stelle, «ich kann Ihrer Vernehmung nicht mehr so recht folgen...»

«Ein halbes Stündchen noch!» bat Blank.

«Nein!»

«Fünfzehn Minuten, zehn Minuten... nur so von Kollege zu Kollege...»

«Ni uno!» entschied Finkenberg, womit er wohl «keine eine» meinte, und stand schon auf.

Da, endlich, ließ Blank seiner Bitternis freien Lauf. «Sie sind ein Stinkstiefel», dröhnte er, «ein mieser und dreckiger Kotzbrocken! Sie lügen mir hier die Hucke voll, und dann ziehen Sie Leine! Aber eines will ich Ihnen sagen: *Ich* kann warten, bis Sie schwarz werden!»

«Seltsame Umgangsformen habt ihr hier», meinte Finkenberg daraufhin, gehässig und von oben herab, «färbt wohl ab, eure Kundschaft!» Er stand auf. «Wie sieht's aus – kann ich mein Auto benutzen, oder wollen Sie's gerade mal kriminaltechnisch untersuchen lassen?»

«Wir sind schon dran!» gab Blank zu. «Und wehe Ihnen, wenn wir da auch nur ein Haar von Elke finden!»

«Viel Glück!» sagte Finkenberg, als er aufstand. Er gehörte zu denen, die immer das letzte Wort haben müssen.

Blank hatte zunächst einen Mordsdusel, wie es schien: im Auto des Verdächtigen fanden sich nicht nur ein oder zwei, sondern mindestens zwanzig Kopfhaare, die mit der üblichen an Sicherheit grenzenden Wahrscheinlichkeit Elke Ottmeyer zugeordnet werden konnten. Der Fall war damit scheinbar schon so eindeutig, daß Blank bereits zu diesem frühen Zeitpunkt einen Haftbefehl gegen Finkenberg beantragte und auch erhielt. Im übrigen wunderte er sich gar nicht, daß der Verdächtige mit größtem Gleichmut in die Zelle marschierte: man werde schon noch sehen, verkündete er dem Oberkollegen Blank ebenso hochgestochen wie dickfellig, daß sich die Gerechtigkeit auf die Dauer doch durchsetzen und die kollegiale Willkür sich gewaltig rächen werde.

Die Nachricht von Finkenbergs Verhaftung machte im Präsidium binnen zehn Minuten die Runde. Zahllose Flaschen Rüttger's-Club-Sekt, der damals gerade in Mode geraten war, wurden geköpft, und Blank fand sich auf dem Scheitelpunkt einer Sympathiewoge wieder, die alle anderen Ereignisse von Belang überschwemmte und zudeckte.

In der Sache selbst ging's dann allerdings, nach dem spektakulären Anfangserfolg, nicht so begeisternd vonstatten. Der Verhaftete gab zwar bei einer weiteren Vernehmung zu, an dem betreffenden Abend, einer Laune folgend, im *Blue Scorpion* gelandet zu sein und einem Mädchen, das Elke Ottmeyer gewesen sein mochte, den einen oder anderen Drink ausgegeben zu haben. Auch habe er mit der offenbar sehr müden «Kleinen», wie er sie nannte, mal in seinem Auto gesessen, um ihr auf dem dort befindlichen Frankfurter Stadtplan den Weg nach Hause zu zeigen – so, sagte er, ließen sich wohl auch die Haare erklären, die vermutlich etwas locker gesessen hätten.

Anschließend jedoch war Sense: er habe, sagte der Verdächtige, das Lokal letztendlich allein verlassen, und anderweitige Aussagen könnten nur dadurch entstanden sein, daß Elke zufällig – «ich betone: zufällig!» – zur gleichen Zeit gegangen sei. Da habe er sie jedenfalls schon lange aus dem Auge verloren gehabt; eigentlich, ehrlich gesagt, sei sie nämlich auch gar nicht sein Typ gewesen.

Inzwischen waren nahezu zwei Wochen vergangen, und Blank hatte, unabhängig von der verfahrenen Sache Finkenberg, wie immer viel um die Ohren. Ein Anruf von Jutta Röder kam nie, und einen Artikel über die Sache hatte er auch nicht gelesen, obgleich er sich die nächste *Francoviel*-Nummer interessehalber sogar gekauft hatte; die kurze Begegnung geriet also mehr und mehr in Vergessenheit. Dann wurde Blank eines Morgens zum zuständigen Staatsanwalt Rothe bestellt, und er konnte sich leicht ausrechnen, was ihn erwartete.

«Wir können diesen Finkenberg nicht ewig schmoren lassen», erklärte der Ankläger sofort, «abgesehen davon wundert's mich sowieso, daß die Medien noch keinen Wind von der Sache bekommen haben. Polizist unter Mordverdacht – ist doch *das* Fressen für eine bestimmte Art Presse...»

Apropos Presse, dachte Blank. «Weshalb gehen wir mit Finkenbergs Bild nicht mal von uns aus in die Gazetten im Rhein-Main-Gebiet und fragen, ob nicht jemand den Mann in der fraglichen Nacht gesehen hat?»

Der Staatsanwalt hatte spontan massive Bedenken. «Das, was bislang in den Zeitungen stand, hat uns doch auch nichts gebracht!»

«Ach was», sagte Blank, «da stand doch nur, daß eine junge Frau ermordet worden ist! Das ist doch keine – ich will ruhig mal sagen: Fahndungshilfe! Auf solche Meldungen reagiert doch kein Mensch!»

Rothe schüttelte den Kopf. «Sehen Sie's nur mal ganz pragmatisch... Finkenberg weiß als Polizeibeamter bestimmt sehr genau, was wir in der Hinsicht dürfen und was nicht. Ich weiß nicht, ob...»

«Also, das seh ich anders!» unterbrach Blank. «Wenn unsere Beweislage momentan noch zu dünn ist, um ihn vors Schwurgericht zu bringen, kann sie für einen relativ geringfügigen Eingriff in seine Persönlichkeitsrechte trotzdem doppelt und dreifach ausreichen! Falls Sie zustimmen, kann er gegen eine Veröffentlichung mit vollem Namen und Foto gar nichts machen, da kann er sich auf den Kopf stellen!»

Rothe wirkte unsicher. «Ich weiß nicht, ich weiß nicht...» wiederholte er und griff nach seinen Gesetzestexten und Kommentaren. Eine Viertelstunde lang, ohne Rücksicht auf Blanks wie immer knapp bemessene Zeit, zitierte er murmelnd vor sich hin – und dann klappte er das Buch, das er gerade in Händen hielt, knallend zu und sagte zwar ehrlich: «Ich finde nichts, was dagegen spricht!» Gleich anschließend jedoch gab er seine Entscheidung wie folgt bekannt: «Trotzdem, wir werden von Ihrer Idee keinen Gebrauch machen – die Sache ist mir einfach nicht geheuer genug!»

«Ja, aber wie stellen Sie sich das denn sonst vor?» fragte der Oberkommissar konsterniert. Die Unterhaltung verlief tatsächlich noch unangenehmer, als er's sich in seiner Vorstellung sowieso bereits ausgemalt hatte. «Sollen wir Finkenberg etwa wieder laufen lassen?»

«Richtig!» Rothe nickte. «Ich wollt's zwar nicht tun, ohne

mit Ihnen Rücksprache genommen zu haben; im Moment allerdings sehe ich in der Tat keine andere Möglichkeit, als eine Aufhebung des Haftbefehls zu beantragen! Das heißt, Sie gehen heute mittag erst noch mal zu ihm und lassen sich feierlich versichern, daß er nicht von sich aus die BILD-Zeitung alarmiert oder sonstwie die Pferde scheu macht...»

Blank erhob sich. «Passen tut's mir nicht. Hinten und vorne nicht!» Er ging zur Tür.

«Moment mal...»

Blank drehte sich um.

«Vielleicht sollte ich Sie an dieser Stelle darauf hinweisen», sagte Rohte, «daß sich im Polizeipräsidium in letzter Zeit die Eigenmächtigkeiten mittlerer und höherer Beamter geradezu häufen. Ich hoffe nicht, daß Sie zufällig die Absicht haben, diese Reihe fortzusetzen...»

«Alles klar!» sagte Blank lahm.

«Nichts ist klar!» ereiferte sich der Ankläger. «Ich möchte unbedingt vermeiden, gerade an Ihnen ein Exempel statuieren zu müssen... es täte mir leid, aber ich könnte dann nicht anders. Haben Sie mich verstanden?»

«Ja», sagte Blank. «Wiedersehen...»

Dann tat er, wenngleich in seiner Rechtschaffenheit tief getroffen, wie ihm geheißen war. Finkenberg verhielt sich immerhin vernünftiger, als er geglaubt hatte: er zuckte quasi nur die Achseln, versprach vor lauter Glück, die Menschheit wieder in Freiheit ärgern zu dürfen, alle eventuell auftauchenden Reporter in die Wüste zu schicken, und sagte lediglich mäßig triumphierend: «Da sehn Sie's selber! Habe ich's Ihnen nicht gleich gesagt?»

«Rutschen Sie mir 'n Buckel runter!» erwiderte Blank. Seine Stimme hatte eine deutlich heisere Färbung.

Finkenberg ließ sich, als es dann soweit war, von einem Taxi am Gefängnistor abholen. Blank in seinem gerechten Zorn hätte am liebsten hinter dem Wagen hergeballert.

In den nächsten Wochen verhielt sich Finkenberg so, als würde er die Reserviertheit ihm gegenüber, die im gesamten Polizeipräsidium sicherlich noch um ein Mehrfaches stärker geworden war, gar nicht merken. Irgendwann hinterher würde die Sache so und so gegessen sein; es ist immer wieder erstaunlich, wie rasch selbst relativ spektakuläre Fälle sogar bei gestandenen Kriminalern in Vergessenheit geraten. Effektiv nur Blank war da wieder mal die berühmte Ausnahme, indem er die Sache von Anfang an nie aus den Augen verlor – Alfred Blank, der am 24. 10. 1966 seine Frau Karin, geborene Neuschäfer, standesamtlich geheiratet hatte.

Wie das Leben so spielt, ist das Datum abermals von erheblichem Interesse: ausgerechnet an seinem 17. Hochzeitstag, am 24. 10. 1983, war Blank gezwungen, zu Hause anzurufen und Karin mitzuteilen, er könne das wie immer in einem der besten Frankfurter Restaurants verabredete Hochzeitsessen entre deux leider nicht wahrnehmen. Karin, erheblich enttäuscht, erkundigte sich natürlich nach dem Grund, und Alfred erwiderte, er habe soeben einen neuen Fall auf den Tisch gekriegt, der ihm für die Abend und die Nacht jede Menge Arbeit garantiere: in einem Parkhaus in der City habe man die Leiche einer 58jährigen Frau gefunden, die anscheinend in den frühen Nachmittagsstunden getötet worden sei.

Nachdem Blank den Hörer aufgelegt hatte, fuhr er mit einem Kollegen gleich zum Parkhaus. Ein seltsames Jagdfieber schien ihn da schon gepackt zu haben, und es wurde noch verstärkt, als er die Tote bäuchlings zwischen zwei geparkten Wagen liegen sah: irgendwie erinnerte ihn der Anblick deutlich an Elke Ottmeyer!

Tatsächlich sagte ihm der Arzt, der zufällig auch schon im Stadtwald dabeigewesen war, bereits im Parkhaus, daß der Tod in diesem Fall höchstwahrscheinlich ebenfalls durch Erwürgen herbeigeführt worden sei. Er wie auch die Spurensicherer äußerten darüber hinaus spontan die Ansicht, daß der Täter das bedauernswerte Opfer – eine Frau Elisabeth Garbe, deren Personalausweis in ihrer Kostümjacke gesteckt hatte – mit einem Auto ins Parkhaus befördert habe. Kurz und gut also – Blank fragte alle anwesenden Kollegen zu ihrer gelinden Verblüffung als erstes, ob sie Harry Finkenberg heute schon gesehen hätten, zufällig in der Kantine, im Fahrstuhl, auf dem Flur oder weiß der Kuckuck, wo sonst.

«Ich nicht...» sagte der erste.

«Ich ja», meinte der zweite, «allerdings schon heute früh um acht...»

«Also, ich hab ihn seit Wochen nicht gesehen», tönte ein dritter, «nun leg ich da allerdings auch wirklich keinen gesteigerten Wert drauf...»

Da rief Blank im Präsidium an. Beauftragte die Kommissariatssekretärin, unauffällig nachzusehen, ob Harry Finkenberg noch an seinem Platz sei. Und ließ, als die Frage bejaht wurde, alles stehen und liegen und fuhr schneller, als die Polizei erlaubt, hin.

Er klopfte an, nur so aus Daffke.

«Herein!» rief Finkenberg.

Blank trat ein. «Tach», sagte er und ließ sich an dem leeren Schreibtisch Finkenberg gegenüber nieder.

«Was wollen Sie?»

Blank kam ohne Umschweife zur Sache. «Kennen Sie eine Frau Garbe aus Enkheim, achtundfünfzig Jahre alt?»

«Keine Ahnung ...»

«Elisabeth Garbe?»

«Nein, sag ich doch – wer ist das?»

«Das», erklärte Blank, «ist unser neues Mordopfer. Abgesehen vom Alter sieht die Geschichte fast genauso aus wie bei Elke... Elke Ottmeyer. Nur mal 'ne Frage, Kollege – wo waren Sie heute mittag?»

Finkenberg sperrte Mund und Nase auf. «Ich glaube, Sie haben sie nicht alle!» sagte er rüde.

«Passen Sie mal auf», sagte Blank gelassen. «Die gute Frau liegt auf dem Bauch, wenn sie nicht mittlerweile bereits eingesargt worden ist, und transportiert und erwürgt worden ist sie auch. Juristisch und disziplinarisch mögen Sie ja in diesem Fall Ottm...»

«Hauen Sie ab!» knirschte Finkenberg.

«... in diesem Fall Ottmeyer aus dem Schneider sein, aber bei so vielen Koinzidenzen wird man ja wohl noch fragen dürfen, was diesmal läuft. Jedenfalls sind Sie für mich so lange 'n Lustmordverdächtiger, wie sich nicht 'n anderer stellt und 'n wirklich glaubhaftes Geständnis ablegt. Und deshalb frag ich Sie, ob Sie nicht vielleicht sogar 'n gottsverdammter Serientäter sind. Ist doch logisch, wenn wir da fast schon wieder die gleiche Leiche haben... sind Sie's gewesen, oder sind Sie's nicht gewesen?»

Eine lange Rede, für Blanks Verhältnisse. Ein paar Sekunden lang sagte keiner was. Dann zischte Finkenberg kurz und bündig: «Raus!»

«Ich denk nicht dran. Ich weise Sie in aller Form auf Ihre Rechte hin und muß Ihnen sagen...»

«Raus!» wiederholte er lauter. Und erhob sich und machte allen Ernstes Anstalten, auf den älteren, wahrscheinlich auch schwächeren Blank loszugehen.

Da ging Blank freiwillig. Schrieb einen kunstvoll gedrechselten Aktenvermerk, daß der Kollege Finkenberg im Mordfall Garbe um ein Haar Widerstand gegen die Staatsgewalt geleistet und sich im übrigen nicht zuletzt dadurch verdächtig gemacht habe, daß er sich einer Vernehmung mit der Androhung eben jener Gewalt entzogen habe. Damit nicht genug, gründete Blank sogar eine Spurenakte Harry Finkenberg, und auf Weisung des Leitenden Kriminaldirektors Lorentz, auch nicht gerade eines Finkenberg-Freundes, sah sich Finkenberg dann tatsächlich gezwungen, zwei älteren, bewährten Leuten des Ersten Kommissariats förmlich Rede und Antwort zu stehen.

Die *abgrundtiefe Sauerei*, wie Finkenberg Blanks Verhalten nannte, hatte letztlich ärgerliche Folgen. Sein Pech war es, daß er, ausgerechnet an diesem kritischen Nachmittag, klammheimlich dem Dienst ferngeblieben war, um sich in einem verschwiegenen Bornheimer Café mit einer Dame namens Anneliese Rau zu treffen, einer neuen Geliebten. Nachdem er ihren Namen zwangsläufig preisgegeben hatte, mußte sie, zu ihrem und Finkenbergs Ärger, auch noch höchstpersönlich im Präsidium antanzen, um ihren Lover zumindest vom Verdacht des Mordes zu befreien – dies, immerhin, um den teuren Preis eines strengen dienstlichen Verweises wegen seiner illegalen Fehlstunden.

Erheblich später pflegte Blank in kleineren Kreisen durchaus zuzugeben, daß seine Reaktion im Mordfall Garbe noch ziemlich unkontrolliert und zudem überschießend gewesen sei. Zumindest zu diesem Zeitpunkt jedenfalls hatte sie bei weitem nicht die Methodik, die Blanks weitere Handlungen kennzeichnete – eine Perlenkette von gewollten Aktionen, die selbst einen so phantasielosen Mann wie Finkenberg dem Verfolgungswahn in die Arme zu treiben drohte. Stichwortartig, jedenfalls, ereignete sich folgendes:

14. 6. 1984. Der Auffindung der nachts zuvor erwürgten 27jährigen Brigitte Ruhnau im Osthafengebiet folgte die verantwortliche, wenngleich erwartungsgemäß ergebnislose Vernehmung Finkenbergs durch Blank und einen weiteren Kollegen des Ersten Kommissariats.

2. 3. 1985. Eine ältere Frau entdeckte auf dem Südfriedhof die offenbar zuvor dort abgelegte Leiche der 30jährigen Prostituierten Bonita Hecker, und Finkenberg wurde von Blank um 22 Uhr aus seiner Wohnung geholt und eigentlich ohne triftigen Grund an den Leichenfundort verbracht; auch hier verlief die Angelegenheit zwei Tage später wie das Hornberger Schießen, nämlich im Sande.

12. 8. 1985. Finkenberg entging im Anschluß an den Fund einer unbekannten Frauenleiche in den Nizza-Anlagen der Sistierung nur dadurch, daß er am Tag zuvor zu einer Urlaubsreise nach Lanzarote gestartet war.

1. 2. 1986. Durchgefroren bis auf die Knochen standen Blank und der von ihm herzitierte Finkenberg bei fast zwanzig Grad minus zehn Meter neben einem im Ostpark liegenden Mordopfer, das Tage später als Elfriede Grünhage, 39, identifiziert wurde. Hier passierte es zum zweitenmal, daß Finkenberg seinem Peiniger unter vier Augen Prügel anbot, was Blank getreulich notierte.

Schließlich der 3. 4. 1986. Nachdem abermals ein Frankfurter Bürger, diesmal ein Patient aus der Niederräder Nervenklinik, über eine erwürgte, offensichtlich vom ursprünglichen Tatort herbeförderte tote Frau gestolpert war, tauchte Harry Finkenberg, völlig entnervt, zwei Tage lang unter. Er hatte an seinem Arbeitsplatz zufällig von der Sache erfahren und dann sofort in anscheinend panischer Flucht das Präsidium verlassen; so kam er, zum einen, um eine erneute hochnotpeinliche Befragung durch Blank und seinesgleichen herum, und so wurden, zum anderen, endlich doch mal der Personalrat und die stets wachsame Gewerkschaft der Polizei auf die abstruse Gesamtsituation aufmerksam.

Der zuständige Gewerkschaftsfunktionär Fritz Blumenthaler, der als Polizeihauptkommissar von den Vorgängen bei der Kripo zugegebenermaßen wenig Ahnung hatte, bat Alfred Blank eines schönen Nachmittags zu sich; an dem Gespräch nahm auch sein Vertreter, der Polizeiobermeister Gregor Menz, teil. «Die Sache Finkenberg», fragte Blumenthaler in seiner direkten Art, «was ist dran an den Vorwürfen, Sie würden da einen Kollegen nicht nur vorsätzlich, sondern gänzlich wider besseres Wissen schikanieren?»

«Nichts!» sagte Blank bestimmt. «Finkenberg ist im vorvorigen Jahr in einem Mordermittlungsverfahren nur deshalb mit 'nem blauen Auge davongekommen, weil der Staatsanwalt Muffensausen hatte und ihn außer Verfolgung setzte. Ich halte ihn dennoch für den Täter, und in allen annähernd gleichgelagerten Fällen wird er daher automatisch befragt, wo er sich in der jeweils kritischen Zeit aufgehalten hat. Das ist wohl das mindeste, was wir tun dürfen – der Typ soll sich da nicht ins Hemd machen!»

Wieder Blumenthaler: «Es soll aber, von diesem ersten Fall mal abgesehen, offenkundig gewesen sein, daß Finkenberg mit der letzten hier zur Debatte stehenden Tat nichts zu tun haben konnte. Inzwischen haben Sie da ja auch einen völlig anderen Täter überführt...»

«... was nichts damit zu tun hat, daß wir Finkenberg im

Ansatz hätten überprüfen *müssen*!» sagte Blank. «Statt dessen aber war er nicht auffindbar... es ist doch wohl ziemlich ungewöhnlich, daß sich ein Polizist, immerhin ein Hilfsbeamter der Staatsanwaltschaft, auf solche Weise selbstherrlich einer dringlichen Vernehmung entzieht. Oder finden Sie das etwa in Ordnung?»

Blumenthaler fand gar nichts. Menz meinte: «Es sollen bei den diversen Überprüfungen von Fall zu Fall aber auch Verbalinjurien gefallen sein... *Dich verdammtes Schwein kriegen wir doch noch* oder dergleichen. Können Sie uns vielleicht dazu was sagen?»

Blank schüttelte den Kopf. «Über sämtliche Vernehmungen des Kollegen Finkenberg existieren ordnungsgemäß Protokolle. Sie werden darin keinen solchen oder auch nur ähnlichen Satz finden – wir wissen, was wir der Würde des Menschen wie auch Finkenberg schuldig sind!»

«Reden Sie doch nicht so geschwollen!» sagte Blumenthaler daraufhin grantig, wobei er Blanks feine Unterscheidung zwischen Finkenberg und einem Menschen nicht mal genau begriffen hatte.

«Ich rede so, wie ich die Sache sehe!» konterte Blank. Im stillen ärgerte er sich, daß Finkenberg hier ein Schlupfloch gefunden hatte, in dem er sich zumindest vorübergehend verkriechen konnte. «Es handelt sich hier um ermittlungstechnische Probleme, die eigentlich wirklich nicht Sache einer Personalvertretung sind. Umgekehrt könnte ich mich genauso beschweren: Warum wirft man *mir* hier, bei der pflichtgemäßen Ausführung meines beruflichen Auftrags, dauernd Knüppel zwischen die Beine?»

Blumenthaler wie auch Menz dachten nach. «Also, ein auch nur andeutungsweise vergleichbarer Fall ist mir in meiner inzwischen dreißigjährigen Gewerkschaftslaufbahn noch nicht begegnet!» sagte der nur noch wenige Jahre von seiner Pensionierung entfernte Blumenthaler schließlich. Der belesene Menz fügte hinzu: «Ich kann mich ebensowenig erinnern, jemals in der Literatur etwas Entsprechendes gefunden zu haben!» Die Herren drehten sich offensichtlich im Kreise, und sie wußten es auch.

«Vorschlag zur Güte», sagte Blumenthaler schließlich. «Sobald wieder mal eine solche Situation eintritt, wird die Gewerkschaft der Polizei zu den Vernehmungen Finkenbergs hinzugezogen!»

«Ja, aber in welcher Eigenschaft denn?» fragte Blank konsterniert.

«Gewissermaßen in der ihr von Haus aus vertrauten Rolle des Schlichters», erläuterte der Funktionär. Irgendwie ahnte er, daß er sich hier auf sehr, sehr dünnem Eis bewegte, und fuhr trotzdem fort: «Beide Parteien, Finkenberg wie auch das Erste Kommissariat, werden sich dem neutralen Spruch vorbehaltlos unterwerfen!»

«Das ist heller Wahnsinn!» befand Alfred Blank. «Es geht hier doch nicht darum, wer wen beleidigt hat, sondern im Extremfall um Freispruch oder lebenslänglich! Glauben Sie, die Justiz läßt sich ihre Entscheidungen von der Gewerkschaft aus der Hand nehmen?»

Blumenthaler, heftig den Kopf schüttelnd: «Sie übertreiben da etwas, Kollege. Es geht lediglich um die Feststellung, ob die Vernehmung als solche schikanös oder aber gerechtfertigt ist. Darüber traue ich mir in der Tat ein Urteil zu, wenn ich über die Aktenlage im Bilde bin!»

Nicht ungeschickt, dachte Blank an dieser Stelle des seltsamen Palavers. «Fragen Sie dazu Lorentz», erklärte er, «oder von mir aus auch den Präsidenten. Ich fühle mich hier nicht mehr kompetent!»

Er verabschiedete sich etwas frostig und ging in sein Büro, das inzwischen von den Kollegen und allen guten Geistern verlassen zu sein schien. Das Telefon schrillte, und im ersten Moment wollte er es schrillen lassen. Dann aber nahm er den Hörer ab.

«Erstes Kommissariat, Blank...?»

«Ach, Herr Blank – schön, daß ich Sie mal erwische!» sagte eine angenehm junge weibliche Stimme. «Erinnern Sie sich noch an mich?»

«Also, irgendwie...», sagte Blank nach zwei, drei Sekunden des Nachdenkens. Sein Herz hämmerte los: seine gewohnte, mutmaßlich nervös begründete Tachykardie. Die Stimme kam ihm in der Tat merkwürdig bekannt, ja vertraut vor.

«Röder», sagte die Stimme, «Jutta Röder von der Redaktion *Francoviel*. Wir sind uns mal mitten im Stadtwald begegnet, damals im Mordfall Elke Ottmeyer...»

«Richtig!» sagte Blank, jetzt vollauf im Bilde und spontan begeistert. «Wo sind Sie denn – wollen wir nicht einen Kaffee miteinander trinken?»

«Wenn's ein Gläschen Wein sein darf, gern!» meinte die Reporterin. Sie schlug einen Griechen auf der Mainzer Landstraße vor, ganz in der Nähe des Präsidiums.

Blank war sofort einverstanden. «Ich freu mich!» sagte er wahrheitsgetreu und marschierte gleich los – fast so pflichtwidrig wie seinerzeit Harry Finkenberg. Schon von weitem hörte er, durch die offenstehende Tür, die übliche, leicht verhangene Sirtakimusik und freute sich mitten im heiteren April wie ein Schneekönig. Den Gedanken, daß das Mädchen vermutlich nur beruflich was von ihm wollte, wies er weit von sich.

«Ärger gehabt?» fragte Jutta Röder. Sie hatte schon immer ein Gespür für Stimmungen.

Blank nahm einen Schluck Wein. «Schon vergessen. Aber wenn Sie mich so fragen: ich hab schon Schöneres erlebt als diesen Nachmittag bis vor 'ner halben Stunde.»

«Um was ging's denn?» wollte sie wissen, als sei's das Natürlichste von der Welt.

«Immer dasselbe: Mord und Totschlag», meinte Blank leichthin, «sowieso unser täglich Brot.» Er legte eine effektvolle Kunstpause ein. «Ich kann Ihnen sagen – was da alles möglich und nicht möglich ist...»

«Das glaub ich!» sagte sie bewundernd. «Es müßte faszinierend sein, mal einen Blick hinter Ihre Kulissen werfen zu können...»

Blank lächelte. «Im Moment würde ich zu gern mal Mäuschen spielen, wie's so bei *Ihnen* abläuft...»

«Zur Zeit mehr schlecht als recht», meinte sie kokett und lächelte ebenfalls. «Irgendwie ging mir vorhin alles auf den Geist – ich dachte, ich ruf einfach mal 'n vernünftigen Menschen an...»

«Und das war ich?»

«Das waren Sie! Sagen Sie's mir doch mal selber: ist doch bestimmt 'n Riesenwunder, daß ich Sie überhaupt erreicht habe, oder?»

Blank fragte voll heimlicher Hoffnung: «Sagen Sie nur, Sie hätten's schon öfter versucht?»

«Doch, doch», sagte sie. «Entweder war keiner da oder ich hab wieder aufgelegt, wenn sich jemand anderer meldete. Einmal hab ich Ihnen allerdings Grüße ausrichten lassen... kann das sein, daß er Schubert hieß?»

«Schumann», antwortete Blank. Und dann lachten sie und sahen sich tief in die Augen.

Eine Weile sagte keiner was. Blank überlegte immerhin, daß er eigentlich noch an seinem Schreibtisch sitzen und sich auf den Feierabend im trauten häuslichen Kreis vorbereiten sollte. Er fragte sich, ob er Karin nicht wenigstens anrufen müßte, falls es sehr viel später werden würde, womit er insgeheim rechnete.

«Wollen wir nicht mal woanders hingehen?» fragte er.

«Gern», sagte Jutta, «aber wie wär's vorher mit einem Spaziergang?»

«Eine prima Idee!» Nochmals das rasende Herz und dazu der Drang, strahlend zu lachen...

Sie gingen durch die Taunusanlage, an Beethoven, Heine und Schiller vorbei und wieder zurück, und sie hielten sich mit einemmal, als wär's völlig selbstverständlich, an den Händen gefaßt. In der Luft hing an diesem Tag ein seidiger Hauch von Frühling, und im *Baron la Mouette* am Opernplatz saß viel junges und schönes Volk. Blank gehörte mit einemmal wieder dazu: seit zehn, wenn nicht zwanzig Jahren war er nicht mehr so glücklich gewesen.

«Jutta...» sagte er fast erstickt.

«Blank», erwiderte sie lächelnd, «ich kenn nicht mal deinen Vornamen...»

«Alfred.» Die rechte Hand über ihre gelegt. Dann aber, gerade jetzt, ein winziger Schatten. «Weshalb hast du mich denn nun wirklich angerufen?»

«Ist das denn noch wichtig?»

«Alles ist wichtig, was zu dir gehört...»

«Na schön», sagte sie und wirkte plötzlich gespannt, «hast du keine Geschichte für mich?»

Also doch.

Blanks Gesicht wurde leer. «Weiß nicht. Müßte mal nachdenken...»

«Nein, nein, laß dir Zeit...» Wahrscheinlich hätte *ich* mir Zeit lassen sollen, dachte sie. «Ich bin in der Redaktion 'n bißchen in Verschiß geraten, ich könnt mal wieder eine gute Story gebrauchen. Aber das ist doch jetzt – ich kann ja nicht einfach herkommen und sagen...»

«Warte mal!» sagte Blank. Er saß mit einemmal sehr gerade und winkte der Kellnerin. «Noch zwei Fendant, bitte...»

«Gern, der Herr...»

Und der Herr überlegte, während die kühlen zwei mal zwei Dezi kamen. Der Herr dachte unvermittelt, in Windeseile, in blitzschnell wechselnden Bildern, an die Stationen seiner Demütigungen im Zusammenhang mit Harry Finkenberg, längst seinem intimen Feind. Angefangen vom Rencontre mit Staatsanwalt Rothe, der anschließend den Haftbefehl gegen Finkenberg aus der Welt schaffte, über die vielen wütenden Zusammenkünfte mit Finkenberg selbst, bis hin zur Sitzung vorhin mit den Gewerkschaftsfritzen, die ihm beibringen wollten, wie man einen Ganoven vernimmt...

«Was hast du denn?» fragte Jutta.

«Moment noch – ich bin gleich soweit...»

Dann hatte er's. Dann hatte er den Vorschlag wieder parat, den er damals – vergeblich – dem Staatsanwalt gemacht hatte: mit Finkenbergs Foto in die Zeitungen im Rhein-Main-Gebiet zu gehen und die Öffentlichkeit um gezielte Fahndungshilfe zu bitten. Zwar war die damals sicherlich vielversprechende Idee heute vermutlich nur noch ein müder Abklatsch, den der kleinkarierte Rothe außerdem strengstens untersagt hatte, aber wer weiß, wie das Leben so spielt...

«Wie hoch ist eigentlich eure Auflage?» fragte er.

«Du meinst *Francoviel*?»

«Ja, ja – sicher...»

«Sechzig-, siebzigtausend. Aber wir werden gelesen wie der Teufel...»

«Nicht schlecht. Einmal im Monat?»

«Zweimal.»

«Ah, so!» Seine letzte Überlegung. Zwei Fliegen mit einer Klappe. Gegen Harry, für Jutta. Er mußte die Geschichte zwar mit umgekehrten Vorzeichen erzählen, aber das war nicht wichtig. Blank verkündete: «Ich hab nicht nur 'ne Geschichte für dich, sondern sogar 'ne wirklich phantastische Geschichte!»

«Tatsächlich?»

«Die Story des Jahres...» versprach Blank euphorisch. «Ehrenwort, daß du mich nie als Informanten nennst?»

«Großes Ehrenwort!»

«Okay.» Und dann, endlich, erzählte er die Geschichte jenes armen, angeblich so bedauernswerten Polizisten, der immer wieder, im Durchschnitt nach jedem zweiten, dritten Frankfurter Frauenmord, durch den Wolf gedreht wurde, nachdem er einmal per Zufall in den Verdacht geraten war, eine Neunzehnjährige umgebracht zu haben...

«Ist er's denn in dem Fall gewesen?» fragte Jutta, erkennbar von rascher Auffassungsgabe.

«Kann sein, kann nicht sein...» erwiderte Blank wider besseres Wissen. «Du kannst dir gerade an der Stelle 'ne Menge Lorbeeren verdienen, wenn du deine Leser fragst, ob Finkenberg in einer bestimmten Nacht im südlichen Stadtgebiet gesehen worden ist. Allein oder...»

«Sag bloß!» sagte sie.

«Doch, doch – allein oder mit Elke Ottmeyer. Unser Schicksalsfall...»

«Zwölfter Mai dreiundachtzig...» Sie hatte plötzlich einen Block in der Hand, und ihr Stift jagte über das Papier. Eine Minute, zwei Minuten. «Willst du mal hören?»

«Was denn?»

«Meinen Anfang...»

Blank schaute sich um. «Ja, aber leise...»

«Immer, wenn morgens der Wecker klingelt», flüsterte sie, «schreckt der Frankfurter Harry Finkenberg aus einem unruhigen Schlaf. Was, fragt sich der Kriminalbeamte, der im hiesigen Betrugsdezernat arbeitet, wird der heutige Tag bringen? Werde ich etwa, wenn sich die Sonne neigt, wieder unter Mordverdacht stehen?»

«Spitze!» urteilte Blank, ehrlich ergriffen. Er holte seine Brieftasche heraus. «Hier, das ist er...»

«Hast du den immer bei dir?»

«Ja. Beide...»

Das Foto eines bartlosen, schmallippigen Mannes, mit gerader Nase und einem relativ hohen Haaransatz. Daneben die arme Elke mit ihrem hübschen, inzwischen längst vermoderten Stupsnäschen.

Jutta sah sich den Mann an. «Eigentlich könnt ich ihn ja mal direkt ansprechen...?»

«Es bringt wenig», sagte Blank, inzwischen auf diese Frage vorbereitet. «Er ist ungeheuer loyal und nimmt lieber alle Ungereimtheiten in Kauf, ehe er sich mit 'ner Zeitung einlassen und über seine Kollegen beklagen würde. Aber er wird dir trotzdem danken, wenn du die Sache veröffentlichst... es kann und soll ihn ja nur entlasten...»

Jutta nickte. «Wirklich eine ungewöhnliche Geschichte. Hat sich da noch nie einer drum gekümmert?»

«Ni uno», sagte Blank, frei nach Finkenberg. «Es liegt sicher auch daran, daß Finkenberg so diskret ist...»

«Ah, so. *Ein* Punkt ist mir allerdings noch nicht so ganz klar. Du gehörst doch auch zum Ersten Kommissariat, und genau das müßte doch die Truppe sein, die Finkenberg das Leben so schwer macht – kannst du dich da immer so ohne weiteres raushalten?»

«Also, leicht fällt's mir bestimmt nicht immer», erwiderte Blank, und die Decke schien sich plötzlich drohend zu biegen, «aber für zwielichtige Dinge hab ich mich noch nie hergegeben – das bringt erfahrungsgemäß gar nichts!»

Jutta sah ihn fast zärtlich an. «Du bist ein toller Mann, Blank. Ich glaub echt, ich würd viel lieber deine Geschichte schreiben...»

«Gott behüte!» sagte Blank und hätte um ein Haar das Kreuz geschlagen. Irgendwo *war's* ja sogar seine Geschichte, mit der sie hier schwanger ging. Aber das durfte nie rauskommen, auch nicht durch einen noch so blöden Zufall.

Der Abend endete dann, was Blank betraf, leider etwas unromantisch und sogar noch zeitiger als befürchtet: Jutta gab vor, noch einen dringenden Termin zu haben, und er kam immerhin so rechtzeitig nach Hause, daß er sich mit einigen halblaut gemurmelten Erklärungen, warum er nichts essen wolle, vor den Fernseher setzen konnte. Ärgerlicher war's noch, daß Jutta auch die ganze folgende Woche keine Zeit für ihn hatte, und Blank argwöhnte am Ende, ob's ihr, was er zuletzt nicht mehr geglaubt hatte, eben doch nur um die verdammte Geschichte gegangen war. Die Zeit, jedenfalls, verlief quälend langsam.

Mittwochabend erreichte er sie. «Ich bin ja reichlich gespannt...» sagte er.

«Du wirst dich freuen», versprach Jutta, «das Ding ist mir ganz prima rausgerutscht...» Zeit, indessen, hatte sie wieder nicht.

Dann aber, am Donnerstagmorgen, der Schock: Blank fiel aus allen Wolken – seine Vorsicht hatte ihm überhaupt nichts genutzt. Die Story war zwar im Grunde astrein und im abgesprochenen Sinne abgefaßt. Ein einziger, geradezu hochverräterischer Satz allerdings, eine groteskerweise auch noch als Alibi gedachte Passage der Autorin schien das berufliche Schicksal des Informanten für immer zu besiegeln:

Kriminaloberkommissar Alfred Blank, einer der lebenserfahrensten Beamten des Kommissariats für Kapitalverbrechen, ist der einzige Kollege, der sich der andauernden Verfolgung Finkenbergs ständig heftig widersetzt.

Da lachten die Hühner und das halbe Polizeipräsidium, und Staatsanwalt Rothe, auf die Publikation aufmerksam gemacht, rief sofort bei Blank an und zitierte ihn zu sich. Am frühen Nachmittag schon konnte Blank dann, wenngleich er allenfalls eingeräumt hatte, die Autorin zu kennen, seinen Schreibtisch ausräumen und erst mal vorläufig beurlaubt nach Hause gehen; Rothe hatte seine Exempeldrohung wahr gemacht, und als Jutta Röder Blanks Durchwahl anrief, um sich ein Lob zu holen, bekam sie Wosnik ans Telefon, der ihr ingrimmig die Pest an den Hals wünschte.

Die Sache wurde für Blank dadurch, daß sich vom nächsten Tage an sämtliche Frankfurter Tageszeitungen spaltenlang der Affäre annahmen, auch nicht gerade besser. Finkenberg, mittlerweile offen von seiner Gewerkschaft unterstützt, verlangte und erhielt eine Audienz bei seinem Präsidenten, der ihm verbindlich zusagte, jegliche

Schikanen würden ab sofort definitiv ein Ende haben. Sein Erzfeind, teilte er mit, habe durch das Eingreifen übergeordneter Instanzen sowieso keine Chance mehr, ihn noch zu piesacken.

Blank, inzwischen, betrank sich. Er betrank sich drei Tage lang, und es mußte angenommen werden, daß er überhaupt nicht mehr aufhören würde. Dann jedoch wurde er überraschend wieder trocken und nahm sich Dr. Fred Kollhof zum Anwalt, Frankfurts bekanntesten Starverteidiger.

«Ruhig Blut!» mahnte der Meister. Er war voll Gottvertrauen und fing sofort an zu rotieren. Am Ende sah es auch schon fast so aus, als müsse die Suppe zumindest nicht ganz so heiß ausgelöffelt werden, wie sie gekocht worden war: offen redete man von einer möglichen Versetzung Blanks ins Hessische Zentrale Staatsarchiv, und Blank selber, optimistisch wie meist, dachte schon daran, daß er dann zumindest immer geregelt Feierabend habe und sich, wenn aller Pulverdampf verraucht war, um so häufiger mit Jutta Röder treffen könne. Die befand sich mittlerweile auf einer ausgedehnten Reportagefahrt durch die DDR und konnte, wie sie Blank angekündigt hatte, kaum was von sich hören lassen; Vorwürfe machte Blank ihr sowieso nicht.

Drei Wochen später, rein zufällig am neunzehnten Geburtstag des Blank-Sohnes Klaus, landete Flug 081 der Saudi Arabian Airlines morgens um 7.10 Uhr auf dem Rhein-Main-Airport. Die Maschine kam nonstop aus Riyadh, und unter den Fluggästen, die ihr etwas steifbeinig entstiegen, befand sich auch der 32jährige Frank Schöler, Repräsentant eines mittelständischen Herstellers für Laserdrucker. Er ging, im Gegensatz zu den meisten anderen, nach fast einmonatigem Aufenthalt in der Wüste immer noch federnden Schrittes in die Ankunftshalle und griff sich das nächste Telefon.

«Polizeipräsidium!» sagte eine Männerstimme, die zu dieser frühen Stunde anscheinend noch niemandem einen *guten Tag* wünschen wollte.

«Grüß Gott», sagte Schöler. «Können Sie mich mit der Mordkommission verbinden?»

«Ich gebe Ihnen mal die Kriminalbereitschaft!» antwortete der Mann, und dann knackte es in der Leitung.

«Kriminalbereitschaft, Wosnik...?» sagte eine neue, hörbar freundlichere Stimme.

«Schöler mein Name», meinte Schöler, «sagt Ihnen die Angelegenheit Finkenberg was?»

Fünf Sekunden Funkstille. Dann fragte Wosnik: «Was ist mit der Angelegenheit Finkenberg?»

«Ich hab da dieser Tage was in der *Frankfurter Rundschau* gelesen, in Saudi-Arabien. Ich glaub, ich habe damals eine Beobachtung gemacht...»

«Wann damals?»

«Na, vor drei Jahren...»

«Aha. Wo sind Sie jetzt?»

«Am Flughafen.»

«Gut. Wann können Sie hier im Präsidium sein?»

«Halbe, dreiviertel Stunde», vermutete Schöler. «Ist das denn so eilig?»

«Noch eiliger!» behauptete Wosnik. «Rasen Sie los, lassen Sie sich am Eingang mit Apparat zwölfsiebzehn verbinden, ich hol sie dann ab!» Wosnik legte auf und wählte sofort neu.

Blank, aus dem Bett geklingelt, traf beinahe gleichzeitig mit Schöler unten in der Empfangshalle ein, und sein alter Kumpel Wosnik brachte sowohl ihn als auch Schöler in ein abgelegenes Vernehmungszimmer. Blank führte dann – dank Wosnik, der damit einiges auf sich nahm – das große Wort wie eh und je, und der smarte Frank Schöler erwies sich immer mehr als ein geradezu idealer Zeuge.

«Ich hatte am zwölften Mai dreiundachtzig unweit des Bahnhofs Frankfurt Sportfeld meinen Pkw Audi 80, Kennzeichen OF–KK 133, auf einem unbefestigten Waldweg geparkt, als ich unvermittelt...»

«Moment, Moment», sagte Blank, «das nimmt uns so ohne weiteres kein einziger Richter ab! Wie kommen Sie zu dieser fast fotografischen Erinnerung?»

«Ich war nicht allein», erklärte Schöler. «Es war das erste Mal, daß ich mit meiner heutigen Verlobten... na ja, allein war. Das Datum haben wir uns beide gemerkt – so eine Art Jubiläum, wenn Sie verstehen...»

«Na sicher», sagte Blank, «ging mir ähnlich, ich hatte Geburtstag. Weiter?»

«Es war ziemlich genau halb drei, als ich auf einer in der Nähe stehenden Bank ein Pärchen bemerkte, das heftig knutschte...»

«Ziemlich genau halb drei?»

«Ja, klar! Mein Gott» – er grinste verlegen –, «ich bin nun mal 'n Zahlenmensch! Muß ich das wirklich erläutern?»

«Nee, nee, das nicht!» sagte Blank aufatmend.

«Eben. Jedenfalls – während ich mir noch überlegte, ob ich nicht besser woanders hinfahren sollte, stand der Mann plötzlich auf, kam auf uns zu und klopfte an mein Wagenfenster. Er hielt eine Zigarette in der Hand, für die er anscheinend Feuer haben wollte. Das gab ich ihm dann, und dabei erkannte ich im Schein meines Feuerzeugs deutlich sein Gesicht. Es handelte sich einwandfrei um jenen Mann, der neulich als Harry Finkenberg in der *Rundschau* abgebildet war!»

«Omannomann – wie wollen Sie denn das beschwören?» fragte Blank, plötzlich skeptischer denn je.

«Ganz einfach», sagte Schöler, «er sah meinem Bruder Fritz unheimlich ähnlich – dem gingen damals gerade seine Stirnhaare aus, obwohl er jünger ist als ich...»

«Wo wohnt der denn?» fragte Wosnik.

«Hier in Frankfurt. Wenn Sie wollen, kann ich ihn gern mal anrufen...»

Blank schob ihm ein Telefon hin.

Er wählte und horchte. «Hallo, Fritz? Ja, ich bin's, gerade angekommen. Sag mal, kannst du...» – er sah Blank an, der aufgeregt nickte – «... kannst du mal gleich ins Polizeipräsidium kommen?»

Pause. Bruder Fritz schnatterte in den Hörer.

«Moment mal...» Frank hielt die Sprechmuschel zu. «Er hat nicht sehr viel Geld... ob er das Fahrgeld erstattet kriegen kann, fragt er?»

«Ja, na sicher!» sagte Blank kopfschüttelnd. «Er soll sich 'n Taxi nehmen!»

«Gut!» Wieder in den Hörer. «Nimm dir 'n Taxi und sieh zu, daß du... was sagst du?»

Also, noch ist Fritz nicht gestartet, sagte sich Blank an dieser Stelle mit Zittern und Zagen, irgendwie kommt er jetzt mit seiner Ausrede und macht alles kaputt. Sein nervöses Herz trommelte ein paar dumpfe Wirbel.

«Okay – beeil dich!» Damit legte Frank auf.

Also doch. Warten auf Bruder Fritz – Schöler verteilte

Zigaretten. Alfred Blank rauchte seit sieben Monaten zum erstenmal wieder, und es wurden gleich drei hintereinander. Wosnik war zum Eingang marschiert.

Das Taxi stoppte. Heraus stieg...

Das darf doch nicht wahr sein! dachte der in Ehren ergraute Kriminalhauptmeister Wosnik; die Haare standen ihm unvermittelt zu Berge.

Heraus stieg einer, der wie eine gelungene, etwas bösartige Karikatur Harry Finkenbergs aussah. Bartlos, schmallippig und so weiter. Auffallend der im Vergleich zum Original noch höhere Haaransatz.

«Herr Schöler?» fragte Wosnik überflüssigerweise.

«Ja – mein Bruder hatte...»

«... ich bring Sie gleich zu ihm!» erklärte Wosnik. Blank hat das Irrsinnsmatch doch noch in den letzten Minuten gewonnen, dachte er – nicht ganz zutreffend, wie sich zeigte.

Als er sich später, stellvertretend für den hinter einer angelehnten Tür lauschenden Blank, Finkenberg kommen ließ, war er die Ruhe in Person. «Wir haben da eine neue Zeugenaussage bekommen», sagte er wahrheitsgetreu. «Sie müssen entschuldigen, aber es geht da um einen Punkt, den Sie mit Herrn Blank seinerzeit noch nicht erschöpfend behandelt hatten...»

«Nämlich?» fragte Finkenberg grämlich.

«Die Sache Ottmeyer. Wann und wie sind Sie nachts oder am Morgen des zwölften Mai dreiundachtzig eigentlich vom *Blue Scorpion* nach Hause gekommen?»

«Ist doch Scheiße!» sagte Finkenberg, war aber sofort im

Bilde. «Als ob ich da auf die Uhr geguckt hätte! Kann sein, daß es zwei oder halb drei war... gefahren bin ich natürlich mit dem Auto...»

«Sie waren also nüchtern?»

«Absolut. Wenn's hoch kommt, hab ich an dem ganzen Abend zwei Scotch Soda getrunken.»

Wosnik nickte. «Ich glaub, das sind zwar 'ne Menge Kalorien, aber kaum mehr als null Komma drei. Abgesehen davon hat Ihnen ja von Anfang an keiner 'ne Promillegeschichte anhängen wollen, wie Sie wissen, sondern eigentlicher eher...»

Da er stockte und in seinen Aufzeichnungen blätterte, warf Finkenberg ein: «Hören Sie doch auf – da war eins so bescheuert wie's andere!»

Wosnik hatte gefunden, was er suchte. «Wann, bitte, waren Sie zuletzt am Bahnhof Frankfurt Sportfeld?»

«Was soll das?» Er zündete sich eine Zigarette an.

«Ich hab Sie was gefragt, Herr Finkenberg...»

«Erst beantworten Sie *meine* Frage!»

«Also gut.» Wosnik lehnte sich genüßlich im Sessel zurück. «Sie haben damals mit Elke am Sportfeld auf einer Bank gesessen – geben Sie das zu oder nicht?»

«Weiß ich noch nicht!» sagte Finkenberg impertinent.

«Natürlich wissen Sie's! Sie haben sich... übrigens, Ihre Asche fällt gleich runter!... von einem Mann in einem geparkten Wagen Feuer geben lassen!»

«Aha. Noch was?» Er streifte die Zigarette ab.

«Geknutscht haben Sie!»

Da gab er – scheinbar – auf. «Nun denn», sagte er überraschend schnell, «da Sie mich in der Hinsicht überzeugt haben, will ich meine Aussage in einem Punkt abändern...»

«Moment...!» Wosnik schaltete das Tonband ein.

«... ich habe bisher aus der offensichtlich berechtigten Angst heraus, schuldlos und zufällig eine Mordermittlung angehängt zu kriegen, in einer Hinsicht teilweise die Unwahrheit gesagt...»

Sekundenlange Pause.

Wie gestochen, dachte Wosnik. Und ärgerte sich, daß er dem verdammten Feind seines Freundes Blank damit fast so was wie eine Anerkennung zubilligte.

«Nachdem es mir aber trotzdem nicht erspart geblieben ist, in den Kreis der im Fall Elke Ottmeyer existierenden Verdächtigen aufgenommen zu werden, gebe ich hiermit folgenden wahren Sachverhalt zu Protokoll...»

Elke Ottmeyer, sagte Fingenberg, habe ihm schon im Verlauf ihrer diversen Gespräche im *Blue Scorpion* mitgeteilt, sie habe schreckliche Angst, nach Hause zu gehen; ihr Vater habe ihr den Besuch von Diskotheken ein für allemal untersagt. Sie sei mit neunzehn aber doch volljährig, habe er ihr daraufhin zu bedenken gegeben, und sie habe heftig genickt und erklärt: trotzdem, ihr Alter sei da wie ein Patriarch aus dem Mittelalter. So habe ein Wort das andere gegeben, und schließlich habe er, Finkenberg, dem Mädchen angeboten, es nach Hause zu fahren, tatsächlich zu der von den *Blue-Scorpion*-Zeugen angegebenen Zeit.

Er räusperte sich.

«Dann wurde es ein bißchen... na ja, komisch. *Sie* war diejenige, die mich plötzlich abknutschte und sagte, wir sollten noch irgendwo hingehen. Ich hatte jedoch keine Lust, noch ein weiteres Lokal oder ein Hotel aufzusuchen, und habe ihr deshalb angeboten, spazierenzugehen!» So, schließlich, sei man in diese Bahnhofsgegend Sportfeld gekommen.

«Das ist alles?» fragte der Hauptmeister Wosnik, weil Finkenberg unversehens wieder Pause machte.

«Das ist fast alles!» bestätigte Finkenberg in seinem verdammten Vernehmungsdeutsch. «Es kam nach dem erwähnten Austausch einiger Zärtlichkeiten auf einer Bank zu einer Art von heftigem Disput zwischen uns, weil ich, wie gesagt, nicht so wollte wie sie zu diesem Zeitpunkt. Ich holte mir Feuer vom Fahrer eines ganz in der Nähe stehenden Autos, von dem werden Sie ja jetzt Ihre Weisheiten haben, und kurz darauf, als sie mich nach wie vor nicht umstimmen konnte, sprang sie unversehens auf und stürzte davon. Ich hatte zunächst zwar die Absicht, hinter ihr her zu rennen, gab dies jedoch wieder auf, ging zu meinem Wagen und fuhr endgültig auf direktem Weg nach Hause.»

Wosnik fragte, weil es denn sein mußte: «Haben Sie mit Elke Ottmeyer...»

Finkenberg schüttelte den Kopf schon vor dem Ende des Satzes: «Nee, nee – gebumst hab ich sie nicht!»

Widerwillig nickte Wosnik. Die Sache war mit einemmal gar nicht mehr so klar wie noch vorhin. Wohin sollte das führen, dachte er, wenn selbst die Rechtsmedizin Finkenberg an dieser Stelle eine Art Alibi gab?

Finkenberg ging davon, spornstreichs in sein Büro. Blank, der keines mehr hatte, kam aus dem Nebenraum.

«Scheiße, nicht?» fragte Wosnik.

«Du meinst», fragte Blank zurück, «damit haben wir ihn immer noch nicht in der Kiste?»

«Na sicher», sagte Wosnik. «Wie willst du ihm jetzt wieder *die* Version widerlegen?»

«Geh hin und sag Lorentz, was passiert ist», meinte Blank nach einigem Nachdenken. «Erzähl ihm die Geschichte von Bruder Fritz, von der kriminogenen Situation draußen am Sportfeld, und daß es ja wirklich nur in sehr seltenen Fällen Zeugen für den Vorgang des Tötens selbst gibt... vielleicht ist Lorentz ja sogar so schlau und kommt selbst drauf...»

«Und dann?»

«Dann soll *er* sich mit der Staatsanwaltschaft rumschlagen. Ich hab einfach die Schnauze voll!»

Wosnik sah ihn bekümmert an. «Damit bist du aber noch lange nicht wieder im Dienst...»

«Und?» sagte Blank.

«Herrgott – es muß doch irgendwo 'ne Art Gerechtigkeit geben...»

«Irgendwo gibt's sie auch», sagte Blank und wußte zunächst gar nicht, daß er im Begriff war, einen großen Satz gelassen auszusprechen, «nur nicht bei der Polizei!» Dann, sobald er's kapiert hatte, lachte er heftig und bitter auf, zog sich den Knoten seiner Krawatte zurecht, ging raus und kam sofort wieder zurück.

Wosnik sah ihn an, immer noch todtraurig.

«Danke, Peter!» sagte Blank. «Da siehste, wohin das führt: das Wichtigste hätt ich doch fast vergessen...»

Das Allerwichtigste passierte vom Telefon seiner Wohnung aus, die, als er ankam, leer war. Er rief Jutta in ihrem Büro an und bekam sie wider Erwarten gleich nach dem ersten Klingeln an den Apparat.

«Du, ich bin schrecklich im Streß», sagte sie, als er kaum seinen Namen genannt hatte, «ich muß nach Wien, wir machen da 'ne Geschichte über den Opernball, wollen die Sache mal richtig schön verkackeiern – stell dir vor: dazu brauchen wir *Ihre* Feder, hat der Chefredakteur mir gesagt...»

«Deine Feder hat uns 'n neuen Zeugen gegen Finkenberg beschafft», sagte Blank, «ich dachte, es würd dich vielleicht interessieren...»

«Ach – ist Finkenberg jetzt dran?»

«Weiß nicht – immerhin mehr als vorher...»

«Ja, aber ich kann jetzt beim besten Willen...» Sie überlegte. «Wir haben heute abend Redaktionsschluß für die nächste Nummer. Kannst du's nicht aufschreiben und vorbeibringen? Irgendwer schreibt's dann zusammen und macht 'ne Geschichte daraus...»

Blank holte zweimal tief Luft. *Diese* Geschichte war letztlich nicht ganz so schmerzlich, weil sie noch gar nicht angefangen hatte. «Tut mir leid, aber heute kann ich nicht!»

«Warum denn nicht?»

«Heute vor einundzwanzig Jahren», sagte Blank, «hab ich meine Frau zum erstenmal geküßt. Kannst du nicht wissen – Familientage werden bei uns immer groß gefeiert. – Flieg vorsichtig, Mädchen!» Damit legte er auf.

Im Türschloß drehte sich Karins Schlüssel.

Irene Rodrian

Der Tod hat hitzefrei
(2389)

. . . trägt Anstaltskleidung und ist bewaffnet
(2419)

Wer barfuß über Scherben geht
(2578)

Küßchen für den Totengräber
(2630)

Finderlohn
Die netten Mörder von Schwabing/
Wer barfuß über Scherben geht
(2788)

Irene Rodrian/B.M. Gill/Lars Molin
**Ein bißchen Föhn und du bist tot/
War es nicht eigentlich doch nur
ein Unfall?/Der Fremde in der Stadt**
(2757)

THRILLER rororo
C 2326/1

Serientäter

Colin Dexter
Eine Messe für all die Toten (2764)
Der letzte Bus nach Woodstock (2718)
. . . wurde sie zuletzt gesehen (2726)
Die schweigende Welt des Nicholas Quinn (2748)
Die Toten von Jericho (2782)
Das Rätsel der dritten Meile (2806)

Henry Farrell
Was geschah wirklich mit Baby Jane? (2727)
Scheußlich, die Sache mit Allen (2736)

B. M. Gill
Zündstoff für das Parlament (2767)
Der zwölfte Geschworene (2738)
Seminar für Mord (2775)
Herzchen (2818)

Ross Macdonald
Camping im Leichenwagen (2361)
Anderer Leute Leichen (2436)
Reiche sterben auch nicht anders (2496)
Triff mich in der Leichenhalle (2594)
Tote ertrinken nicht (2640)

Peter Schmidt
Die Regeln der Gewalt (2686)
Ein Fall von großer Redlichkeit (2701)
Erfindergeist (2719)
Der EMP-Effekt (2765)
Die Stunde des Geschichtenerzählers (2743)
Der Agentenjäger (2784)
Mehnerts Fall (2774)
Die Trophäe (2809)

thriller rororo

C 2115/8